JN248595

# 凡事徹底と
# 独身生活・結婚生活

## 仕事力を高める「ライフスタイル」の選択

大川隆法
RYUHO OKAWA

# まえがき

「凡事徹底《ぼんじてってい》」シリーズの第四弾である。

単なる教えだけで宗教が完結《かんけつ》するわけではない。「宗教的生活」とはどういうものかが説き明かされなくてはなるまい。しかし、これはかなり難しい仕事でもあるし、自分の私事《しじ》に関わることを公開する勇気のある人も稀《まれ》だろう。

「宗教的生活」を「独身生活」と「結婚生活」に場合分けして語った一冊の本には、書庫《しょこ》の中に住み込んでいるような私でも出会ったことがない。実践《じっせん》と理論を書き分けられる宗教家は、実際《じっさい》、皆無《かいむ》に近かろう。たいていは、伝統的な風習《ふうしゅう》を維持するに止《と》まっているだろう。

年齢相応《ねんれいそうおう》に本書の読み方は異《こと》なるだろうが、いわゆる「知的生活」を目指している二十代、三十代にとっては、「人生の予言の書」ともなりうるだろう。本書の活字に書いてあることが、あなたの未来ともなるはずだ。

二〇一八年　一月二十三日

幸福《こうふく》の科学《かがく》グループ創始者兼総裁《そうししゃけんそうさい》　大川隆法《おおかわりゅうほう》

# 凡事徹底と独身生活・結婚生活　目次

# 第1章　凡事徹底《ぼんじてってい》と独身生活・結婚《けっこん》生活

二〇一七年七月一日　説法《せっぽう》
幸福の科学 特別説法堂にて

# 第2章　質疑応答　家庭経験を仕事成功につなげる知恵《ちえ》

二〇一七年七月一日
幸福の科学　特別説法堂にて

# 第1章

# 凡《ぼん》事《じ》徹《てっ》底《てい》と独身生活・結《けっ》婚《こん》生活

二〇一七年七月一日　説法《せっぽう》
幸福の科学　特別説法堂にて

# 1　なぜ、宗教修行者《しゅぎょうしゃ》や哲学者《てつがくしゃ》には独身が多かったのか

## 宗教修行者はもともと独身が原則

今回は、「凡事徹底《ぼんじてってい》と独身生活・結婚《けっこん》生活」というテーマを選んでみました。

「凡事徹底」シリーズは、「禅《ぜん》的な生活というものを現代的に生かすには、どうすればよいか」ということから始まったものです。私が見た夢のなかで、色紙に「凡事徹底」と書かれた言葉が出てきたという話から始まっています。

そして今回のテーマは、宗教的人間、宗教的人格を持っている人にとっては極《きわ》めて難しく、困難で、かつ答えのないテーマでしょう。

また、こうしたテーマについては個人差もかなりあるだろうと思われるので、

●「凡事徹底」シリーズ……　これまでに『凡事徹底と静寂の時間』『凡事徹底と成功への道』『凡事徹底と人生問題の克服』(いずれも幸福の科学出版刊)の３冊が発刊されており、本書は同シリーズ４冊目となる。

●私が見た夢のなかで……　『凡事徹底と静寂の時間』(幸福の科学出版刊)参照。

きちんとした方程式のようなものがつくれるかといえば、かなり難しいだろうと思います。

要するに、「凡事徹底」シリーズ的なものの考え方からいくと、宗教に入っている人にはわりあい多い考え方である「独身生活を続けていく生き方」と、「結婚生活に入る場合」とでは、どのような違《ちが》いがあり、それらをどう考えていくべきかというあたりが問題となるのではないでしょうか。

宗教においては、もともとは独身が原則であることがほとんどでした。ここで言う独身とは出家者《しゅっけしゃ》という意味であり、お寺で修行《しゅぎょう》をしているような人たちは独身が原則だったのです。もちろん、在家《ざいけ》の人は結婚して構わな

『凡事徹底と人生問題の克服』（幸福の科学出版刊）

『凡事徹底と成功への道』（幸福の科学出版刊）

『凡事徹底と静寂の時間』（幸福の科学出版刊）

いということではあったのですが、日本においては、出家者も妻帯《さいたい》するようになり、その最も代表的な人が親鸞《しんらん》です。

ただ、親鸞が最初というわけではなく、その先駆《さきが》けとでも言うべきか、妻帯した僧侶《そうりょ》は、すでに平安時代あたりにもいました。ある程度、位《くらい》のあるような僧侶で、貴族的な生活をしていて、妻帯していた人もいたようではあります。

とはいえ、原始仏教では「出家」と「在家」を分けていました。出家のほうは独身が普通《ふつう》であり、在家時代に結婚していた人であっても、出家したら、比丘《びく》集団と比丘尼《びくに》集団とに分かれて生活するということが行われていたのです。元夫婦《ふうふ》であったとしても、男性出家者と女性出家者に分かれて、一緒《いっしょ》に暮らさないようにして修行をしていたのです。

また、キリスト教系を見てもだいたい似たようなもので、男性のほうは男性用の僧院で暮らしていて、シスターのほうはシスターたちだけで暮らしていること

●**親鸞**（1173～1262）　浄土真宗《じょうどしんしゅう》の開祖。阿弥陀仏《あみだぶつ》への帰依《きえ》を示す「南無《なむ》阿弥陀仏」こそ真実の教えであると唱えた。妻帯しており、善鸞《ぜんらん》など数人の子供がいた。弟子の唯円《ゆいえん》が親鸞の教えを記した『歎異抄《たんにしょう》』にある、「善人なをもて往生《おうじょう》をとぐ、いはんや悪人《あくにん》をや」という言葉（悪人正機《しょうき》説）が有名。

が多かったわけです。

そういうことがあるので、いろいろな宗教にも基本的には流れている考えかと思います。

## 「結婚《けっこん》は堕落《だらく》だ」という哲学者《てつがくしゃ》の考え

あるいは、哲学者《てつがくしゃ》も独身を尊《とうと》ぶ傾向《けいこう》はあって、独身者がわりあい多いのです。哲学の祖であるソクラテス●は結婚《けっこん》していたのですが、結婚しているということをよいように言うことはあまりなかったのではないでしょうか。

ソクラテスには妻が二人いたという説もあるのですが、二人目の妻はクサンチッペという人で、世界的な悪妻の一人として数え上げられています。本当にそれほどの悪妻だったかどうかは分かりませんが、ソクラテスの哲学的瞑想《めいそう》生活には不適な方であったのだろうと思います。

●ソクラテス（前470頃〜同399）　古代ギリシャの哲学者。「哲学の祖」ともいわれる。デルフォイの神託を受け、ソフィストたちを次々と論破。知徳合一《ちとくごういつ》を説き、問答法《もんどうほう》によって人々に「知」の本質を教えたが、青年に害悪を及ぼしたとして死刑判決を受けた。

何せ、彼が最後に「ソクラテスの弁明」をして、毒杯《どくはい》を仰《あお》いで死刑《しけい》になるとき、まだ子供は幼児だったという話なので、〝生活力のない親父《おやじ》〟であったことは確実でしょう。

ソクラテスの晩年は六十歳《さい》を超《こ》えていたと思うのですが、そのときに幼い実子《じっし》がいたというところには、やや無責任な雰囲気《ふんいき》を感じないわけではありません。

そのためか、その後の哲学徒たちにも、なかなか結婚しない傾向はあります。

私の四歳上である実兄は京大の哲学科で勉強をしていた当時、弟の私には、「結婚なんていうものは堕落《だらく》だ」というようなことをよく言っていました。「哲学する者は結婚なんかしてはいけないのだ。独身でなければ駄目《だめ》だ。独身でなければ哲学者にはなれない」などとのたまっていたのを覚えています。

ところが、兄も三十過ぎになってからは必ずしもそうではなくなり、弟への結婚話や、実際の結婚というなかで、かなり焦《あせ》り出したようです。

ただ、いかんせん、兄は〝高等遊民〟状態を十年以上続けていたために、結婚できる態勢をつくり出すことはできておらず、社会的な足場づくりも少々後《おく》れたのではないかと思います。

兄は、三十歳ぐらいまでは「結婚なんかしたくない」と言い続けていたのに、三十を超えて三十一、二歳になってから、「結婚したい」と言い出したので、そのように、人によって遅《おそ》い早いの違いがあるのかもしれません。

また、兄は学生時代、企業《きぎょう》等に就職していく友人を見て、「堕落している」というようなこともよく言っていました。「就職は堕落だ。お金儲《かねもう》けをして、結婚したいんだろう？　それは堕落だ。そういうものにかかわらずに、哲学に邁進《まいしん》するのが精進《しょうじん》の道であって……」などと言ってはいたのです。

ただ、弟の目から見るかぎりは、「哲学に精進しているわりには、パチンコ屋によく行っているな」という印象でした（笑）。パチンコ屋に通って気晴らしをしていたのかもしれませんけれども。また、臨時収入が必要になると、塾《じゅく》の先生をしなければいけない状態だったのです。

私としては、「塾の先生をして、パチンコ屋へ行くぐらいなら、しっかりと正規の職業に就《つ》いて働いたほうがよいのではないか」と思っていたのですが、兄の言い訳としては、「哲学者というのは結婚しないのだ」ということでした。

そのような状態だったので、兄は母とよくぶつかっていたのです。母から、「もういいかげんに働いて、身を固めなさい」と言われては、たいてい口論になっていました。

## 独身者に有利な三つのポイント――「お金」「時間」「人との付き合い」

一方、私は商社に就職した口ではありますが、その後、「これからは宗教家になって、正法《しょうぼう》、正しい法を説く」と、兄に話したところ、私がまるで〝イントルーダー（侵入者《しんにゅうしゃ》）〟でもあるかのような言い方をされました。「おまえは東大法学部で六法を勉強していて、正法なんか関係ないと言っていたのに、今さら私たちのほうに入ってくるのは越権《えっけん》だ」などと言われたのです。「六法をやっていればいいじゃないか。おまえのショウホウは正法じゃなくて、商業の商法だろうが」という感じのことを言われたのを覚えています。

ここは難しいところです。瞑想や哲学空間に憧《あこが》れるような理想主義的な人は、やはり、客観的には独身のほうが有利なのです。生活するのにそれほどお金は要《い》りませんし、時間もたっぷりと取れるので、独身が有利なことはそのとおりだと思います。

それから、独身でいると、誰《だれ》と会っても何も感じないようなところがあるということは言えます。独身時代には、いろいろな人と気兼《きが》ねなく会えるのですが、結婚すると仕事が何かしら必ずありますし、妻や子供がいると、社会的な地位や身分のようなものができてくるのです。

もちろん、日本はそうしたカースト（身分制度）があまりない国ではありますが、それでも、どこかに勤めて収入と地位を得て、伴侶《はんりょ》をもらって子供ができるとなると、社会的な位置づけがある程度決まってくるわけです。その位置づけがあると、付き合える人と付き合えない人が出てきます。これは妻帯者の常《つね》でしょう。

結婚して社員寮《りょう》に住んでいるという人の場合でも、例えば、今、某《ぼう》大手電機メーカーに勤めているものの、海外での原発事業の責任を問われ、会社自体が今後どうなるか分からないような状態が続いているということがあるかもしれません。そうすると、昔の友達などとも何となく会いにくい感じになりやすいのではないでしょうか。

また、同期の人と出世の差が出てくると、「彼は役員になっているが、自分はヒラのままだ」という場合には、「ちょっと一杯飲もうか」というわけにもいかなくなるでしょう。そのように、やや自由度が落ちてくるところもあります。

ちなみに、キリスト教では、プロテスタントの聖職者のほうは結婚してもよいことになっていて、夫婦で教会を守っていることが多いのですが、カトリックのほうは原則として独身ということになっています。

いろいろと述べてきましたが、独身のよいところとしては、社会的地位がある人からない人まで、どこでも身軽に入っていけるようなところが挙げられます。つまり、大金持ちのところでも貧乏人《びんぼうにん》のところでも、どこへ行っても平気で、全然気にならないような面はあるわけです。

一方、結婚することによって身分をつくってしまうと、だんだん自由ではなくなるところもあります。

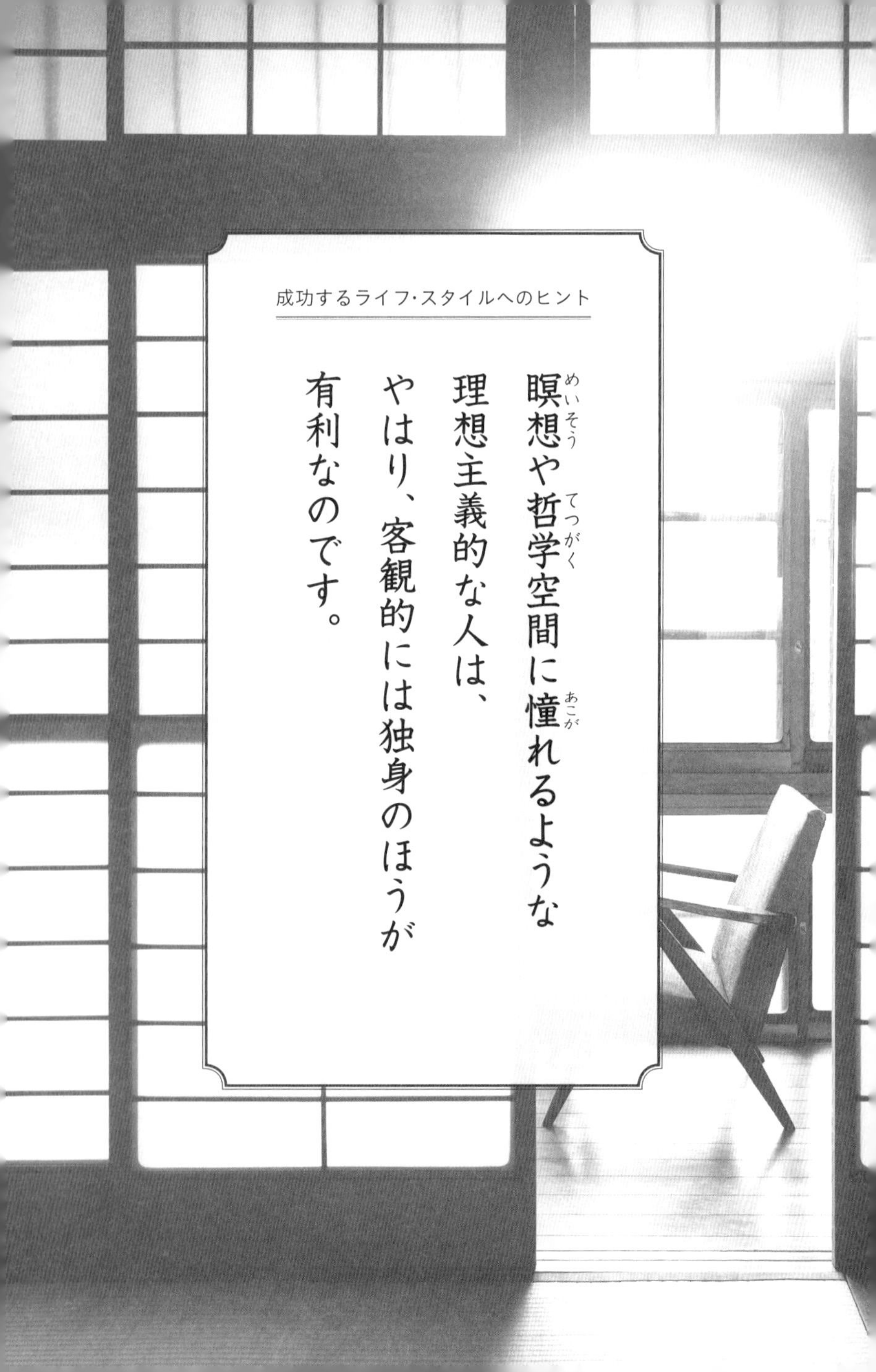

成功するライフ・スタイルへのヒント

瞑想《めいそう》や哲学《てつがく》空間に憧《あこが》れるような
理想主義的な人は、
やはり、客観的には独身のほうが
有利なのです。

## 2　結婚《けっこん》生活で立ち現れる「時間」と「お金」の問題

### 仏教もキリスト教も「経済面の教え」が十分ではない

確かに、何かの勉強をしたり知的な面で自己実現したりしたい人にとっては、若いころはお金も十分にないし、時間も惜《お》しいというところはあるでしょうが、それを生み出せないのであれば、節約するしかないという面はあります。できるだけお金を使わない生活をしなければいけないし、自分の使える時間を増やすためには、日常生活のなかで、世間《せけん》との付き合いの部分をなるべく削《けず》っていかなければいけません。現実問題としては、そういうところがあるでしょう。

だいたい、僧侶《そうりょ》や哲学者《てつがくしゃ》系統の人は、収入があまり高くならないことが多いのです。その意味で、自然と質素な生活になっていくところはあります。

結局、独身主義といっても、そのなかには「頭によいから独身主義でいく」という面もあるものの、「結婚《けっこん》して生計を立てるところまでの経済力がつかない」という面もあるのではないでしょうか。

例えば、仏教哲学者の中村元《なかむらはじめ》博士は、出家修行者《しゅっけしゅぎょうしゃ》について、「釈迦《しゃか》教団に出家しているといっても、彼らは学生のようなものだ。学生時代であれば収入がないため、結婚はできない。そのようなわけで、彼らは独身だったのではないか」というような解説をしていたと思います。ある意味では、そういう面もあったのかもしれません。

以前、曹洞宗《そうとうしゅう》の本山《ほんざん》である永平寺《えいへいじ》を見に行ったことがあります。雲水《うんすい》は頭を剃《そ》って、いちおうそれらしき袈裟衣《けさごろも》を着ていましたが、事実上、観光業をしている感じではありました。彼らは、作務《さむ》をしたり、非常に狭《せま》いところで面壁《めんぺき》の座禅《ざぜん》を

●雲水　寺院などに住み込み、世俗から離れて、作務《さむ》や座禅などに打ち込む人のこと。

したりしていたのですが、いちばん生き生きしているように見えたのは、木の板（木版《もくはん》・雲版《うんぱん》）をポンポンポンと叩《たた》く合図《あいず》とともに食事が始まるときです。昼食を告《つ》げる音が鳴ると一斉《いっせい》に食事の準備に入って、全員で食べるわけです。これがいちばんの楽しみに見えましたが、基本的には自由がありません。境内《けいだい》からは出られないし、入浴も数日に一回しかできないなど、不自由と言えば不自由なのです。

なお、永平寺では、修行者が平均四カ月ぐらいで去っていくようにも聞いています。お寺の子が、資格を取ったり箔《はく》を付けたりするために来ているものの、なかなか一年もたせるのが難しいようですが、だいたいそんなものなのでしょう。

その生活そのものには、仕事としての生産性はありません。やはり、面壁をして座《すわ》っているだけ、作務をしているだけでは、生産性がないのです。

もちろん、自分たちで食事をつくる分については、料理人を雇《やと》わなくて済むだけ節約になっている面もあるのかもしれませんが、修行を見ても、それほどありがたい感じはしませんでした。

このように、仏教では経済面に関する教えが十分ではないところがあります。キリスト教も、経済面については、どちらかというと現代とは反対の考えはあるので、このあたりが問題なのではないかと思います。

## 結婚《けっこん》した男の時間は「競《せ》り」にかけられているようなもの

一日は二十四時間であり、そのなかで睡眠《すいみん》の時間も取らなければいけないので、現実に使える時間は十数時間しかありません。「この時間を使って何ができるか」ということを考えると、確かに、「学者になる人は三十歳《さい》ぐらいまでは結婚《けっこん》できない」と昔から言われているのもよく分かる気がします。勉強にとても時間がかかるので、家庭生活を営《いとな》みながらとなると、そうとう厳しいものになりますし、経済的にも逼迫《ひっぱく》すると思います。

渡部昇一《わたなべしょういち》先生は、若手の学者等について、「結婚した男の時間というのは、競《せ》りにかけられているようなものだ」というようなことを著書に書いていました。

この「競りにかけられている」とは、どういうことでしょうか。

例えば、自分が一万円分の本を買って帰宅したとしましょう。そのときに、妻が、「一万円も本を買ってきたの？　じゃあ、私も一万円の服を買おう」などと言い出すかもしれません。もちろん、人によるとは思いますが、本代と同じ額だけ妻に服を買われる心配がある場合には、本も買えなくなってくるでしょう。

あるいは、自分が図書館等に籠《こ》もって勉強しなければいけないときもあると思います。そういうときに、妻が、「じゃあ、私もその間、テニスでもしに行ってこようかしら」という感じで、夫と対抗《たいこう》するようなことをされると、時間もお金も競争で競り落とされているようになって、厳しいでしょう。

このように、一人であればできたことが、できなくなることも多いわけです。

そういうこともあって、学者には独身時代が長い人も多く、ある程度、収入がつくれないと結婚は厳しいということは言えます。

ちなみに、最近、「昼顔《ひるがお》」（二〇一七年公開／東宝）という映画が上映されていました。この作品は、以前、テレビドラマでも放送していましたが、昔、フランス・イタリア合作映画でカトリーヌ・ドヌーヴが出演した名作をオマージュしたものだとも言われています。

日本映画のほうの「昼顔」は、妻のいる男性がほかの女性と逢《あ》い引きして仲良くなり、人生が崩壊《ほうかい》していく話です。その男性はホタルを集めているような理科系の生物学者で、大学の非常勤講師という立場で描《えが》かれていました。

非常勤講師というのは、給料が実に安い職業だと思われます。おそらく、高校の先生のほうが給料がよいのではないでしょうか。その非常勤講師の身で二股《ふたまた》をかけたら、生物学的には分かりませんが、経済学的に破滅《はめつ》するのは目に見えています。それに、時間的にも大変なことでしょう。

## 知的投資を優先し、六畳一間《ろくじょうひとま》の生活から抜《ぬ》け出せなかった二十代

そういう意味で、結婚して、かつ、知的な職業に就《つ》いたり、知的な生活をしていったりしようとするならば、やはり、「時間とお金のところをどのようにしてクリアしていくか」ということに対し、一定の結論を出すか、あるいは、自分なりのスキルを開発していくかしないかぎりは、かなり難しいのではないかと思います。

以前、「三十歳ぐらいまでは、六畳一間《ろくじょうひとま》の部屋から抜《ぬ》け出すことができなかった」と本に書いたこともありますが、私の子供ぐらいの代になると、あまり理解ができないようです。ただ、私自身は、「本は増えていくが六畳一間から出られない」という生活を、実際にずいぶんしていました。

●三十歳ぐらいまでは……　『職業としての宗教家』（幸福の科学出版刊）参照。

会社の寮《りょう》などにいれば、家賃が安く、お金の面で多少は余裕《よゆう》が出るので、長い間そこにいたのですが、やはり、外に出ると、とたんに高くなるのです。独身時代の会社の寮の家賃が幾《いく》らだったかはよく覚えていませんが、おそらく、五千円ぐらいだったかと思います。そこに、電気代や水道代、食費など、その他のものをいろいろ入れると二、三万円はかかっていたかもしれませんが、その程度で済んでいたので、本代などにかなりのお金を使っても生きてはいけたのです。

その後、名古屋《なごや》から東京本社に戻《もど》ってきたときに、杉並《すぎなみ》にマンションを借り、これでやっと、台所付きの六畳二間に増えました。それでも、家賃は当時で八万円ぐらいはしたので、東京の会社の同僚《どうりょう》からは、「おまえ死ぬぞ」と、ずいぶん言われたものです。みな、「家賃にそんなに払《はら》っていたら死んでしまうぞ」とか、「これは即《そく》結婚するのだろうな」などと、いろいろなことを言っていましたが、やはり、外の物件はけっこう高かったのは覚えています。

そういう意味で、経済の問題のところは、わりと大変でした。

## 先輩《せんぱい》から財布《さいふ》を当てにされた独身時代のエピソード

もちろん、独身で長く働いている人ほど、使えるお金の幅《はば》は広いのですが、結婚している先輩《せんぱい》がたを見ると、ほとんどの人が個人的には〝赤字経営〟をしていました。仕事としては財務や経理などをしていても、〝個人経営〟としての本人の財政は赤字になっており、残高がなくなっているクレジットカードを、「これはどうだ」「これはどうだ」と、次々に繰《く》り出しては使用拒否《きょひ》されるところを、何度も見たことがあります。みな〝先食い〟になっており、あとで入ってくる給料を当てにして、いろいろ使って遊びまくっていたというところでしょうか。ちょっと高い遊びをしすぎていたのだと思います。

今から三十数年も前の話ですが、当時はバブルの時代でもあったので何でも高く、上司や先輩から「ちょっとカラオケに行こうや」と誘《さそ》われて、赤坂《あかさか》あたりの店に行くと、ほんの一、二時間いただけでも、一人当たり四万円も取られたりしました。

「四万円？　高いなあ。私は、薄《うす》い酒を一杯《いっぱい》もらったような気はするが、歌を二曲歌っただけで四万円か。これで毎週行ったら、いったい幾らなくなるのだろう」と思いました。計算すれば、毎週一回行くと、月に十六万円になり、週二回行くと月に三十二万円になるので、たちまちお金がなくなっていくのが分かります。

そのようなわけで、先輩がたのほうはすでに〝財政赤字〟になっていたので、後輩にたかろうとしていたのだと思います。要するに、独身者を連れていって〝割り勘《かん》〟にすると、その分、自分にかかる料金も格安になるということです。これを狙《ねら》って連れていくのだと判明しました。

やはり、独身だと、可処分所得が大きいわけです。結婚をしないまま給料がいっぱいいっぱいまで上がっている場合には、可処分所得が二十万円ぐらいはある人もいるので、先輩はこれを使わせることを考えていたのです。独身者分も加えて頭割りにすれば、先輩がたのほうは少し得をします。そのことが分かり、「うわっ、こんないやらしいことを考えているんだ」と思いました。

## お金を貯《た》めるときの基本原則

このように、お金の問題は、収入が増えたからといって解決するものでもありません。増えたら増えたなりに使うことを考えるものなので、貯《た》めようと思わないかぎりは貯まらないわけです。

お金を貯めようと思ったときに、心掛《こころが》けるべき最も簡単な財務の基本原則は、「収入よりも支出を少なくする」ということです。やはり、「入ってくるお金よりも出るお金のほうを少なくしないかぎりはお金が貯まらず、黒字にはならない」というのは原則です。しかし、この原則を守れる人は一割か二割であり、たいていは守れません。

その数字のところを見れば分かることであるにもかかわらず、お金が入ってくるより先に、多く使いたがる人が大勢いるわけです。つまり、給料が入るときにアカウント（預金口座）が更新《こうしん》されるのを見越《みこ》して使っている人が、わりに多いということです。

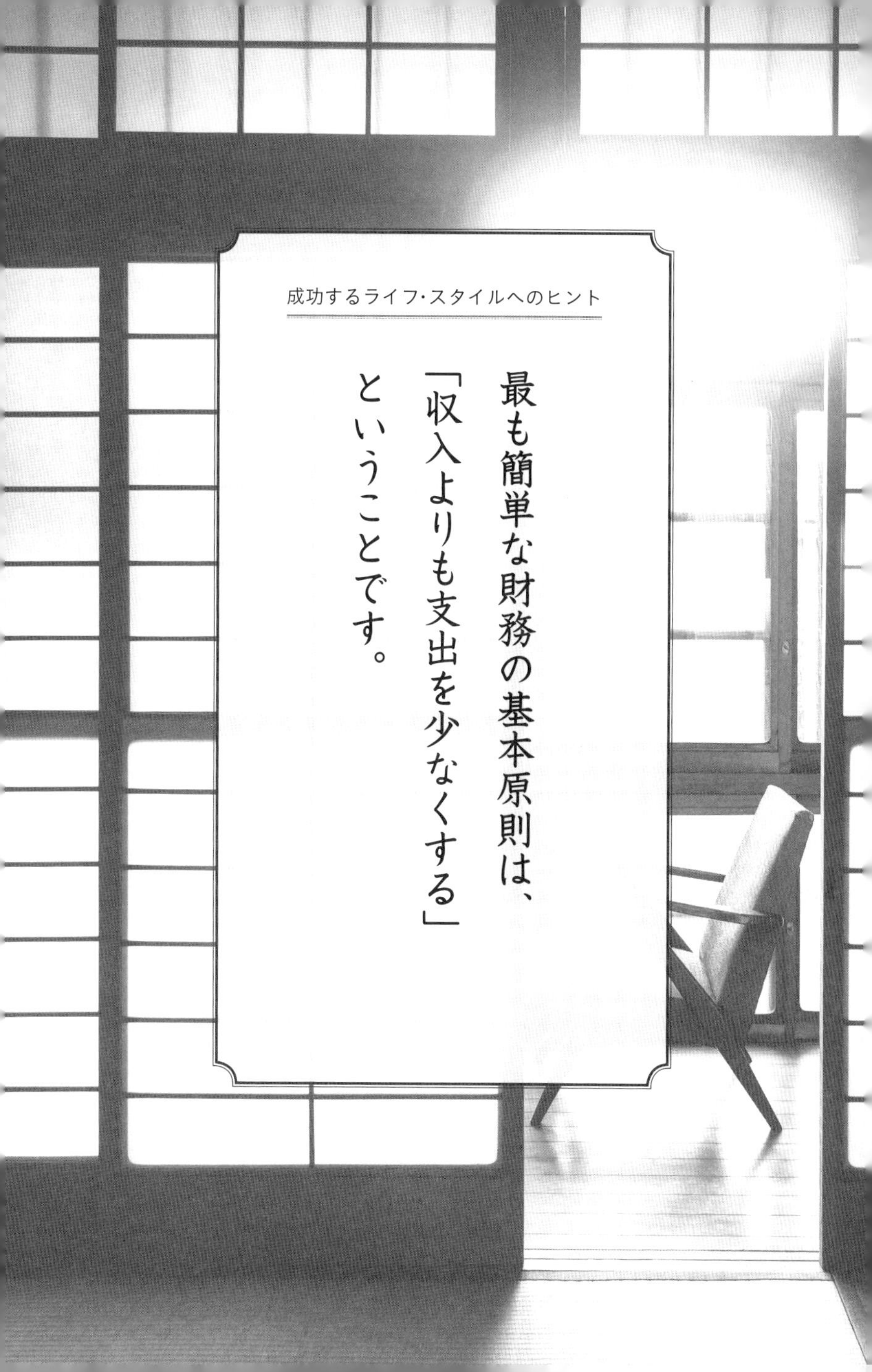

成功するライフ・スタイルへのヒント

最も簡単な財務の基本原則は、

「収入よりも支出を少なくする」

ということです。

## 3　結婚《けっこん》後も知的生活を守り続けるための二大条件

### 三十歳《さい》までに身につけておくべき二つのこと

私は三十歳《さい》で商社を辞《や》めたのですが、そのときに、ある程度の貯金をしていたということが分かっただけでも、会社の先輩《せんぱい》たちから非難囂々《ひなんごうごう》だったほどでした。「何という情けないやつだ。独身で金を貯《た》めるというのは、何といういやらしい、えげつないやつだ」などと言われました。私としては、非常に健全なだけだと思ってはいたのですが、みな、「独身で金が貯まるはずがない。赤字先行のはずなんだ」という言い方をするのです。

当時の新聞には、「結婚《けっこん》式をするのに六百万円ぐらいは必要であり、男女共に三百万円ずつは貯めているのが普通《ふつう》だ」と書いてあったので、私の考え方は平均的なもので、極《きわ》めて普通だと思っていたのですが、会社の人たちにとってはそうではなかったようです。

要は、「宵越《よいご》しの金は持たない」という感じでしょうか。今は、安倍《あべ》首相にもそのようなところを感じるのですが、そういう雰囲気《ふんいき》は当時もあったように思われます。

ですから、「経済観念」と、「時間をどのようにして生み出すか」という工夫《くふう》のところは、意外に大きな部分であり、これを、三十歳になるぐらいまでの間にどう身につけるかということが重要になってきます。やはり、宗教的人間として、あるいは知的人間、哲学《てつがく》的人間として内面空間を広げながら、活動なり生存なりを続けて仕事を積み重ねていくためには、三十歳ぐらいまでの間に、「時間の生み出し方」と「経済観念のつくり方」のところを考えなければ駄目《だめ》なのです。

ただ、なかには、時間を湯水《ゆみず》のごとく使う人や、お金を湯水のごとく使う人、あるいは、自分でどうするかは考えず、ほとんど親からお金を引いてくることばかりを考えるような人もいます。こういう人たちはみな、高等遊民化していくのだと思いますが、いずれ、個人としての経営危機は訪《おとず》れるでしょう。その親も、仕事や財産を失ったり、病気で亡《な》くなったりと、いろいろなことがありうるので、いずれ、高等遊民としてのピリオドは来るものだと考えられます。

はっきり言えば、●二宮尊徳《にのみやそんとく》的な「勤倹貯蓄《きんけんちょちく》型の思考」というものは現代でも有効です。それは実に難しいことではありますが、ほかの人が何を言おうと、「わが道を行く」でやらないかぎり、自分の知的生活を守り抜《ぬ》くことは極めて困難だということです。

さらには、その知的生活の根本《こんぽん》にあるものとしては、読書などが多くを占《し》めていると考えられますが、本を買い続けるようなことも、実に、「時間」と「お金」

●**二宮尊徳**（1787～1856）　江戸時代後期の農政家・思想家。通称は金次郎《きんじろう》。貧困と一家離散という苦境のなか、積小為大《せきしょういだい》の精神で農業に励み生家を再興。小田原藩家老・服部《はっとり》家の財政を再建した後《のち》、600カ所以上の農村や藩領の復興に携わった。尊徳が説いた経世済民《けいせいさいみん》の学は、「報徳《ほうとく》思想」と呼ばれる。

と「空間」等を必要とするものです。

ところが、二十代で結婚生活に入る場合、「知的投資」よりも「生活費」のほうがかなり増えてきます。それから、子供ができると、子供を育てるための費用から、次には、保育園や幼稚園《ようちえん》、小学校、あるいは、お受験塾《じゅく》といった、いろいろなものの費用がかかってくるので、それなりのお金が出ていくようになります。その結果、自分の使えるお金がどんどん減っていくわけです。

以前であれば、自分の本代として使えていたお金が、あっという間に、子供が公文《くもん》式に通ったりするためのお金に切り替《か》わっていきます。

その上、「周りのいいところの子は、みんなお受験をするらしい」などと聞くと、執着《しゅうちゃく》に駆《か》られて、自分の子供も私立の幼稚園に入れ、小学校のお受験などをさせ始めます。そうなると、「本当に、これは子供用なのか」と言いたくなるような金額の請求書《せいきゅうしょ》がやってくることになるのです。毎月、八万円とか十万円とかいう額の請求がボンボンと来るようになって、悲鳴を上げます。

勢い、父親の知的生活は縮小し、すべてのお金は、生活費や子供の教育費、あるいは、その他、奥《おく》さんの身支度《みじたく》等に消えていくことになるわけです。

実に悲しいことではありますが、知り合いの知的生活者のなかで、このようなかたちで消えていった人は数知れずいます。「昔は頭がよかったのになあ」と思うような人が、その後、駄目になっていく理由のほとんどは、生活に追われ、「凡事徹底《ぼんじてってい》と静寂《せいじゃく》の時間」のようなものを取れなくなっていくところにあるのです。

ですから、ここはもう、考え方次第《しだい》です。本当に、「考え方」と「習慣のつくり方」というものをしっかりしなければ駄目なのです。やはり、「自分の緩《ゆる》いところを引き締《し》めつつ、将来の可能性の余地を残す」ということが大事でしょう。

## 結婚《けっこん》を契機《けいき》として崩《くず》れやすい知的生活

また、以前にも述べたことがありますが、渡部昇一《わたなべしょういち》先生は、「学者のなかにも、独身のときに業績をあげていても、結婚《けっこん》したとたんに駄目になる人がいるので、後継者《こうけいしゃ》を選ぶときには、『結婚しているかどうか』を見る」というようなことを言っておられたと思います。

やはり、結婚すると、とたんに知的生活が崩《くず》れる人はよくいるわけです。

先ほど述べたように、結婚して生活費が増えることによって、知的生活ができなくなる人がいますが、ほかにも、学者同士で結婚する場合なども難しいものがあります。

その場合、だいたい、家事等の〝ワークシェアリング〟を言われて、平等に分担するようになったりします。「夜ご飯《はん》は自分がつくるから、朝ご飯はあなたがつくって」とか、「ご飯は私がつくるけど、食器はあなたが洗って」とか、「ゴミ出しは、大学教授である夫の仕事」という感じで役割が回ってきて、だんだん雑用が増えていく傾向《けいこう》があるのです。要するに、「家でゴロゴロしている者は、タダだから使え」ということかもしれません。

そのように、時間もだんだん減ってくるし、稼《かせ》ぎが悪いと、もっとこき使われるようになるわけです。犬でもないのに、夫を遠慮《えんりょ》なくお遣《つか》いに出したりするのは、妻の目には「夫が暇《ひま》でゴロゴロしているようにしか見えない」ということもあるでしょう。本を読んでいるだけでは、仕事をしているように見えないことが多いので、「そんな暇があったら、ちょっと買い物に行ってきて」という感じになるのでしょうか。「ジャガイモを買うのを忘れた！　買ってきて！」などと妻に命令されたりするわけです。

そういう意味で、若いころに、宗教家や哲学者、あるいは作家や学者といったものを目指していたような人のうち、そうとうの数の人が、結婚を契機《けいき》として〝間引《まび》かれて〟いきます。

そこで、そうした問題を克服《こくふく》するために、「裕福《ゆうふく》な家庭の女性が、田舎《いなか》から来た頭のよい青年を選んでその妻になり、経済的には妻の実家が支える」というようなパターンも、明治以降にはよく見られたことではあります。

ただ、これが不幸であるかどうかは相手にもよるので、何とも言えませんし、よいことも悪いこともあるでしょう。政治家なども、やはり、財界である程度出世した、お金のある人の子女と結婚していることも多いので、そういう政略結婚型の人もいるのかもしれません。

基本的には、「独身時代にできていたことも、できなくなる」ということを見越して、ある程度、対策・対応をしないかぎりは、この結婚のハードルを越えるのは厳しいでしょう。

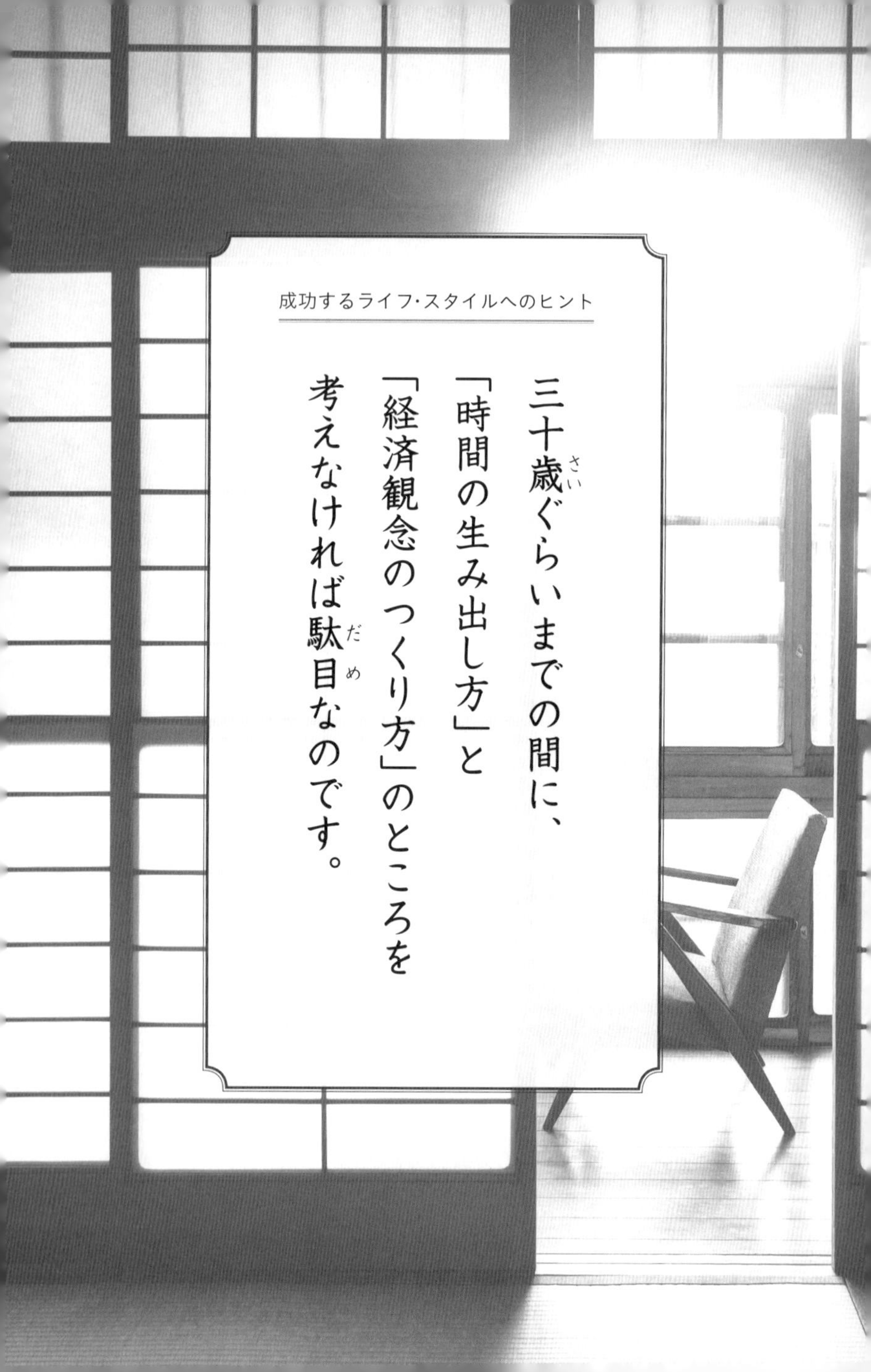

成功するライフ・スタイルへのヒント

三十歳《さい》ぐらいまでの間に、
「時間の生み出し方」と
「経済観念のつくり方」のところを
考えなければ駄目《だめ》なのです。

# 4 結婚《けっこん》しない現代女性の結婚観を分析《ぶんせき》する

## 「異性を求める気持ち」と「結婚適齢期《てきれいき》」は必ずしも一致《いっち》しない

現在は、女性も高学歴となり、会社でも、できるだけ男女差別しないように言われているので、女性の管理職はまだ少ないとはいえ、いちおう、男性との競争もあるような状況《じょうきょう》になっています。

特に、都会の丸《まる》の内《うち》にオフィスを構えるようなところでは、高学歴女性が独身であった場合、家庭の重みが極《きわ》めて大きい既婚《きこん》男性に比して、本気で仕事にかかると、女性のほうが圧倒《あっとう》的に有利なこともあるのです。これは職場の男尊女卑《だんそんじょひ》の程度にもよるとは思いますが、そういうものが比較《ひかく》的少ないところであれば、女性でも実力を認められるチャンスは、かなり高くなってきているのではないでしょうか。

その意味で、「結婚しない女性」も増えてきているとは思います。

ただ、これまでに述べてきたような、精神的なことについてはある程度分かるとしても、もう一つの問題としてあるのは、「人間も動物の一種である」ということです。そのため、どうしても肉体的な面で異性を求めるところはあります。

これについては、各人各様なので、何とも言えないところはあるのですが、おそらく、だいたい十八歳《さい》から二十二歳ぐらいの間が、性的な願望というか、異性を求める気持ちが最も強いのではないかと思います。

ただ、この年齢《ねんれい》ではまだ生活力がないのが普通《ふつう》なので、結婚できることは比較的少ないのです。そういうこともあって、なかには同棲《どうせい》や事実婚をするような人もいるかもしれませんし、恋人《こいびと》レベルで止まっている人も多いかと思います。ですから、十八歳から二十二歳の間で結婚するのは、よほど恵《めぐ》まれた機会でもないと、そう簡単なことではないでしょう。

一般的《いっぱん》には、二十五歳ぐらいは超《こ》えないと、なかなか結婚できないものですが、不思議なことに、二十五歳を超えると、異性に対する欲望や欲求のようなものが少しずつ落ち始めるのです。
二十七、八歳のころが結婚適齢期であるとしても、男性はそのくらいの年齢になると、以前とは少し違《ちが》った感じが出てきます。たいていの場合、仕事をすでに五年以上はしていて、ものすごく疲《つか》れているということもあるのですが、「異性が常時《じょうじ》いてくれないと困る」という気持ちは減ってきて、「たまには遊びぐらいあってもいいな」という程度になるのです。
そのように、男性の結婚欲がやや落ちてきたころというのが、ある意味で、柿《かき》が熟したころであり、女性から見ると、このあたりの人がいちばんもぎ取りやすいレベルになっています。実は、結婚欲がパンパンに〝腫《は》れ上がって〟いるときは意外と難しく、多少の諦《あきら》めや肉体的に陰《かげ》りが見えてきたあたりが、簡単にもぎ取りやすいレベルになっているのです。

収入のレベルが上がってきて、生活的にも身の回りがこざっぱりしたり、単なる肉体的な欲望だけではなく、「お世話してくれる人がいないと、少し寂《さみ》しいかな。人生が寂しいかな。話し相手が欲《ほ》しいかな」という気持ちが出てきたり、あるいは、ほかの人たちが結婚していくのを見たりしているうちに、少々不安になってくる感じでしょうか。そういうことを思うのが、このあたりの年代の人なのです。

ただ、長期経済停滞《ていたい》の影響《えいきょう》もあり、今、平均の初婚年齢は、男性が三十一・一歳、女性が二十九・四歳という、ちょっと驚《おどろ》きの結果が出ています。これは、収入があまり伸《の》びないことも影響しているように思いますが、正直に言って、「ここまで年齢が上がってきたか」という感じは否《いな》めません。

私は三十一歳と数カ月で結婚しましたが、その当時、三十代の男性で独身の人はほとんどいなかったと思うのです。三十一歳でまだ独身と言うと、必ず、「何か問題があるのではないか」と見られる感じでした。そのくらい、だいたいみな結婚していた状況だったと思います。

ただ、今は、「三十代の男性で独身」は普通になってきつつあるようです。あるいは、今後、流れとしては、フランスの事実婚のように、「結婚せずに一緒《いっしょ》に住んでいる」というのが、特に都市部では流行《はや》ってくるのかもしれません。


**戦前、欧米系《おうべい》の人たちから「憧《あこが》れの目」で見られていた日本女性**

また、女性のほうの結婚に対する感覚が、そうとう変わってきたことも事実かと思います。

戦前には、日本女性は、欧米系《おうべい》の人たちから「憧《あこが》れの目」で見られており、「結婚するなら日本女性」と言われるほど、理想とされていたところがありました。しかし、戦後、日本は堂々と西洋化してそれを捨てていったため、西洋では惜《お》しがっている人も多いらしいとは聞いています。

それまでは、「日本の女性は貞淑《ていしゅく》で、夫によく仕え、つらいことを文句《もんく》も言わずにこなし、支えてくれる。それに比べ、欧米系の女性は、けっこう口うるさいし、権利を主張するし、大変だ」などと言われていたのですが、その日本女性も欧米化してきたということで、欧米からはそれを残念がる声が上がっているわけです。

さらに、日本に来たイエズス会の宣教師などが書いた古い文献《ぶんけん》を読んでみると、日本女性を絶賛していて、「アフリカやインド、東南アジア、中国、朝鮮《ちょうせん》半島等、有色人種の国を回ってきたけれども、日本女性のような女性を見たことがない。

何よりもまず美しい」などと言っています。

私には、日本女性と韓国《かんこく》女性、中国女性がどれほど違うのか分からないところもありますが、「まず見た目から違う。日本の女性は圧倒的に美しい。ほかの国の女性はそれほど美しくもないが、日本女性は肌《はだ》がきめ細《こま》かくて、見た目からして美人だ。しかも、性格もよく、非常に温厚《おんこう》で、男を立ててくれる」といった具合に絶賛しているのです。

それを読むと、「この宣教師はいったい何に関心を持っているのだろう？」という気がしないわけではありませんが、そういう理想の国を探して世界を移動していた人もいたのでしょう。確かに、当時の日本には、「黄金の国ジパング」とか、「そこには、ほかのところとは違う女性が住んでいるらしい」とかいうイメージもあったようなので、そういうものを発見したと思ったのかもしれません。

ただ、私としては、「当時の長崎《ながさき》あたりには、日本全国の女性とは違って、粋《いき》な人が集まっていたのかもしれない」などと想像したりして、若干《じゃっかん》、違うのではないかと思う面もあるのですが、ともかく、日本女性をほめてくださっている人もいました。

そういう意味では、「日本の女性は、あるものを失って、別なものを得たのかな」という気はします。

特に、今は、就職している女性のうち、非正規雇用《こよう》が四割ぐらいになっているとも言われており、なかなか厳しいのです。

また、「ワーキングプアで、生活保護が要《い》る」と言っているのは、ほとんどの場合、結婚して子供ができたけれども離婚《りこん》した女性かと思います。「子供を二人ぐらい連れて離婚して、非正規雇用の仕事を転々としつつ、最終的には生活保護を受けて暮らしている」というパターンが多いと感じるので、これについても、全体的に見て、どのようにしなければいけないかを考えさせられるものがあるでしょう。

ここまで行くと、原始仏教において、釈迦《しゃか》が出家者《しゅっけしゃ》に説いた教えを思い出します。釈迦は、異性に対する欲望を捨てさせるために、かなり厳しいことをたくさん言っていました。「異性に対して欲を持つと、滅《ほろ》びの門に至る」といったことも言っているので、がっかりする人が多いかもしれませんが、結婚しない人が増えているということは、「現実にそれが受け入れられている」と見えなくもありません。

国や社会全体としては、結婚して子供を産んでもらいたいはずですが、個人としては、「もっと自由で、責任の軽いほうに行きたい」という気持ちの人が多いのではないでしょうか。

成功するライフ・スタイルへのヒント

男性の結婚《けっこん》欲がやや落ちてきたころが、
ある意味で、柿《かき》が熟したころであり、
女性から見ると、いちばん
もぎ取りやすいレベルになっています。

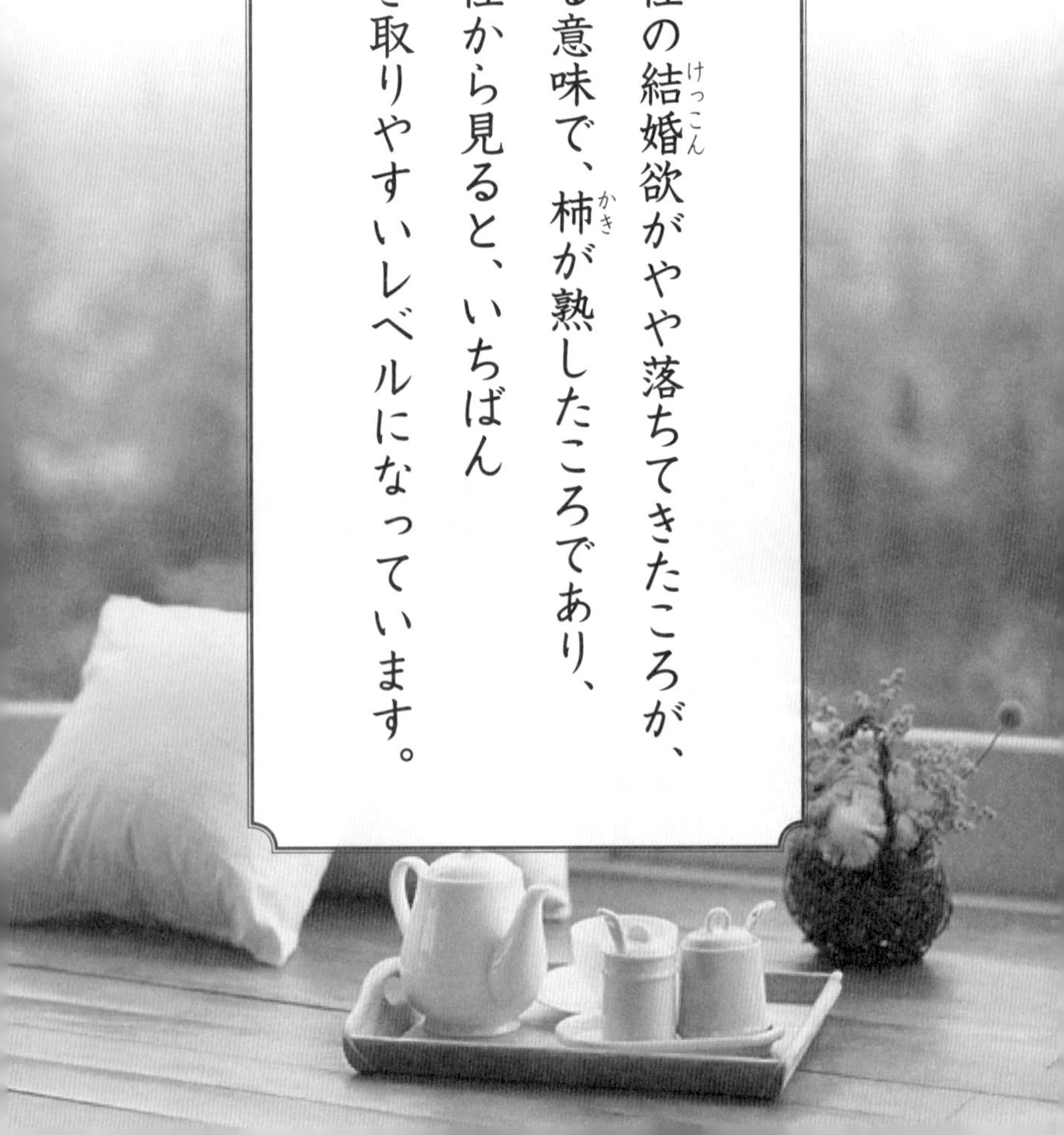

## 5　仕事も結婚《けっこん》も成功させる「凡事徹底《ぼんじてってい》」生活パターンとは

### 結婚によって得るもの、失うもの

しかし、「結婚《けっこん》すると失うものもあるけれども、得るものも多い」ということは言えます。結婚しないままでいると、子育てや夫婦《ふうふ》で共にできるいろいろな経験、体験が得られないので、それが悔《く》いになって残ることもあるのです。

ただ、逆に、結婚した人のほうは、「結婚したせいで、あれもできなかった。これもできなかった」というように言うこともあります。

例えば、私の父（善川三朗名誉顧問《よしかわさぶろうめいよこもん》）も、晩年、「結婚して子供さえつくらなければ、私はもっと大物になっていたんだ」といったことをよく言っていて、私としては、いつも、「すみませんでした」という感じではありました。

実は、父は若いころ、政治活動をしており、収入もなく〝無職〟で走り回っていたそうですが、結婚したとたんに、真っ当な職に就《つ》かなければいけなくなりました。それで、その後、会社勤めなどを延々としていたので、「ああ、面白《おもしろ》くない」とよく言っていたのです。父はもともと多動性の方だったため、気が多く、若いころは、「少しやっては辞《や》めてしまう」というタイプではありました。それが、子供ができたために、ある程度、働かなければいけなくなったわけです。父にとって、面白くもない仕事を続けるのは、本当に厳しかったのではないかとは思います。

一方、私のほうは、父の言葉をまともに受け止めていました。「父親は、自分たち子供の犠牲《ぎせい》になって自己実現ができなかったんだ。申し訳ないな」と思ってはいたのです。

しかし、それは、半分は聞いてもいい愚痴《ぐち》だったのでしょうが、半分は聞いてはいけない言い訳の部分であったと思います。

やはり、「生活設計」や「ライフデザイン」を若いころからきちんと立てず、堅実《けんじつ》にやらなかった面の反作用が来ていたのではないかと見えるからです。

ただ、結婚すると、男性にかなりの責任がかかることは事実でしょう。もし、共働きで、二人の収入を合計すれば生活できると思っていても、それが崩《くず》れたときには悲惨《ひさん》な関係にもなります。そのように、なかなか思うようにはいかないものなので、女性はだいたい、結婚する際に、男性の経済力や真面目《まじめ》さを見ることが多いのだと思います。

ところが、「真面目で経済力がある」というのは両立しないことも多いのです。要するに、経済力があるとお金を使って遊んでしまうこともあるわけで、そのあたりが難しいのです。

とはいえ、高学歴の女性は、仕事が堅《かた》く、ある程度、収入が高くて、性格が真面目な男性を求める傾向《けいこう》があるようには思います。

## 結婚《けっこん》生活においても「凡事徹底《ぼんじてってい》」が成功への道になる

私は、二度、結婚《けっこん》した経験がありますが、幸いにして、私に雑用をやらせないという考え方を持つ人と結婚したので、その意味では恵《めぐ》まれていたと思います。

普通《ふつう》、結婚すると、雑用がいろいろ増えてきて大変なものです。私の父も、土日などにゴロゴロしていると、雑用にこき使われていたように見えました。例えば、大工《だいく》を呼んだり電気屋を呼んだりするとお金がかかるため、「代わりに直して」ということで、いろいろやらされていたように思います。

ただ、私の場合は、ある程度、雑用が増えないように配慮《はいりょ》してもらっています。

もちろん、それは伴侶《はんりょ》だけではなくて、ほかの人もそう考えてくれていたのですが、恵まれていた面はあったでしょう。

反面、それには責任が伴《ともな》うこともあるので、自分がフリーになって、自由な時間やお金ができてきたときには、必ず、より有効なものに使っていく習慣を持っていないと、継続《けいぞく》できるものではありません。

ともかく、私は、そうしたことをものの本で読んではいたのですが、現実に振《ふ》り返ってみて、多少なりとも成功した面があったとしたら、基本的には、「成功する生活パターンをつくってしまうこと」だと思うのです。

それは、前述した「時間観念」のほか、「経済観念」、「人間関係でのトラブルの切り抜《ぬ》け方」等、いろいろあります。こういう面で一定のスキルを磨《みが》くとともに、努力感を感じることなく、習慣として自然にできる状態に持っていくのが大事でしょう。それを「凡事《ぼんじ》」と言っても構いませんが、凡事であっても繰《く》り返し繰り返し徹底《てってい》してやっていくうちに、それが成功への道になるわけです。

## 結婚《けっこん》しても、よい仕事を続けていくための工夫《くふう》とは

なお、結婚《けっこん》に関しては、結婚しても独身のままでも、どちらでもよいと思います。それは、自分の適性に合った考えでよろしいのではないでしょうか。

ただ、結婚した場合は、やや複雑になって、時間的にも経済的にも〝重し〟はかかってきます。やはり、独身のほうが、知的な時間の保有率が圧倒《あっとう》的に高いことは事実です。したがって、結婚するならば、それを超《こ》えられるだけのものをつくれるかどうかの努力は、必要になると思います。

また、結婚した場合、人間関係として、お互《たが》いに譲《ゆず》らなくてはいけないものも出てくるわけです。いちばん難しいのは、双方《そうほう》の「両親」や「きょうだい」、「親《しん》戚《せき》」あたりが、どのようにかかわってくるかのところでしょう。やはり、身内となると、なかなか避《さ》けられないものがあるので、このへんをうまく〝さばけるか

どうか〟の問題があるわけです。

特に、哲学者《てつがくしゃ》や、修行《しゅぎょう》ばかりしている僧侶《そうりょ》などには、世間解《せけんげ》がないせいで、この世的な「問題解決能力」が現実に低い人もいます。そういう人の場合、いろいろなしがらみに引っ掛《か》かって動けなくなることは多いかもしれません。このあたりは注意が要《い》るところでしょう。

ただ、ものは考えようで、何かを失う場合でも、よく知恵を巡《めぐ》らせれば、それに見合うだけのものを得ることはできます。何かを捨てたら、何かを得ることができるわけです。もちろん、何かを得ようとしたら、何かを捨てなくてはいけない場合もあります。

こういうことは、人生のなかでも繰り返し起きてくるので、「何を捨て、何を得るか」という判断の連続と言えるのかもしれません。それについて、できるだけスキルを磨いて短時間で判断し、成功の確率を高めていって、さらには自然にできるようになることが大事だと思います。

もしかしたら、私は、「一夜漬《づ》け型の仕事」というか、「突貫《とっかん》工事型の仕事」をしているように見えるかもしれないのですが、実は、あまりそうしたやり方はしていません。出てきた仕事そのものを取ると、そのようにも見えるのでしょうが、そうではなく、むしろ、常時《じょうじ》準備をしていることが多いのです。いつでもできる状態になっているように、準備を続けているわけです。

つまり、「試験日が来たから、前日に徹夜で勉強する」といったタイプではなく、常時備えているようなタイプの人間だということでしょう。自分では、そういうところがあるだろうと思っています。

したがって、手軽に仕事をやっているように見えても、そんなに手軽にやっているわけではなく、常日ごろからの凡事徹底が効いているだけなのです。やはり、常日ごろ、研究を重ね、勉強を重ね、考えを重ねていることが、仕事の産出量に変わってきているのではないかと感じています。

成功するライフ・スタイルへのヒント

凡事《ぼんじ》であっても繰《く》り返し繰り返し
徹底《てってい》してやっていくうちに、
それが成功への道になるわけです。

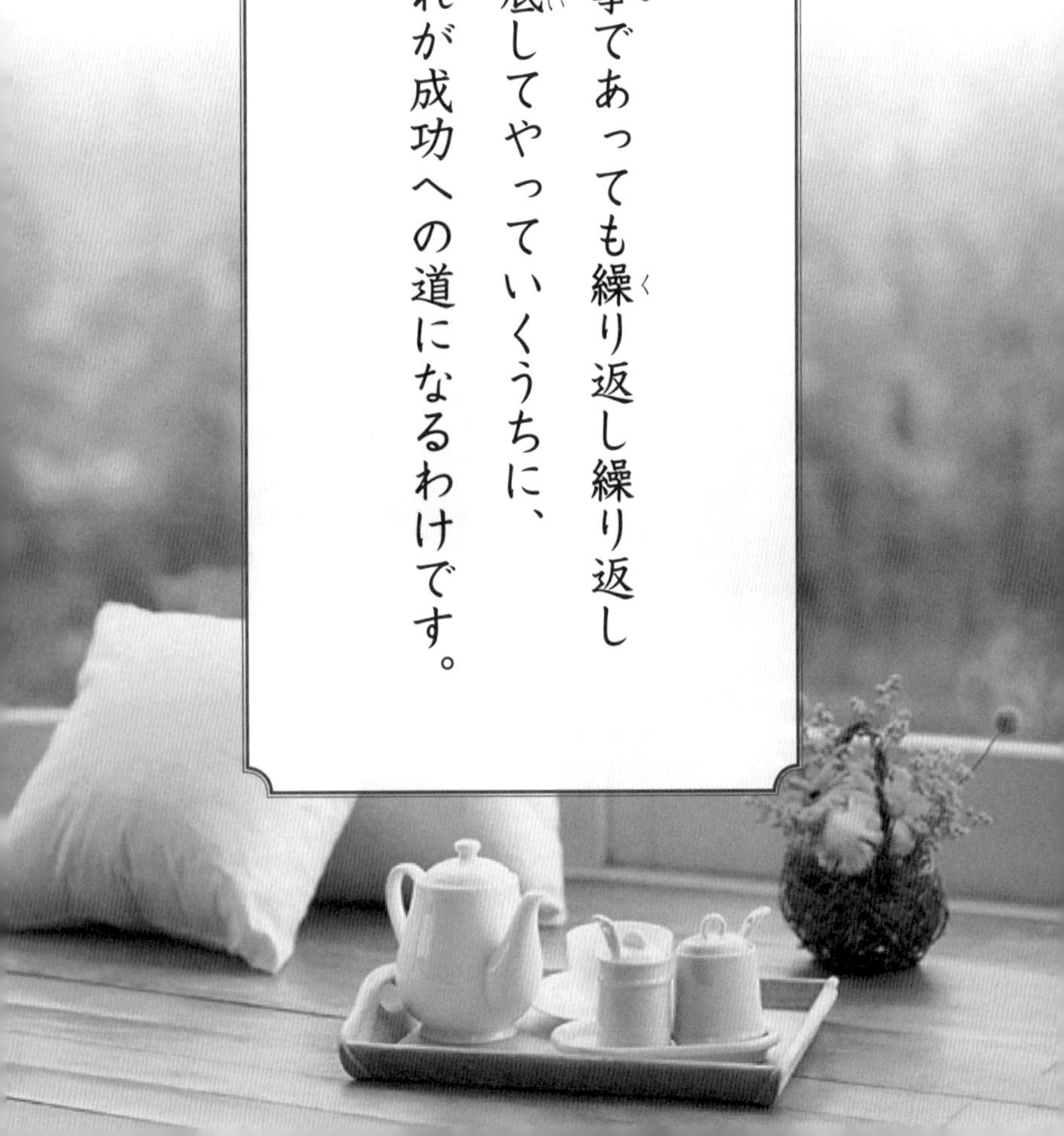

## 6　〝結婚力《けっこんりょく》〟という名の「実力差」は存在する

### 「相棒なくして事業なし」

なお、結婚《けっこん》生活に関して付け加えるならば、「知恵《ちえ》がうまく絡《から》んできた場合には、個人でやるよりもいいものを生み出せることもある」と言えます。

ナポレオン・ヒルも述べていたように、事業等で成功しようとする場合、やはりコアになる人がいなくてはいけません。それは一人ではなく、最低でも二人ないし三人は必要になります。そのコアになる人たちが、共通の目標に対して熱い情熱を持つことで、そこに磁場《じば》が出来上がってくるのです。そして、そのマグマのように燃えた磁場に引かれて多くの人が集まってくることによって、事業は成

●ナポレオン・ヒル（1883～1970）　アメリカの思想家、成功哲学の提唱者。1908年、新聞記者として、鉄鋼王アンドリュー・カーネギーにインタビューをした際、「成功哲学の体系化」を依頼される。20年間で500人もの成功者を研究して『思考は現実化する』を執筆し、世界的ベストセラーとなった。

功していきます。

つまり、最初の二人ないし三人の集まりの段階で、コア・コンピタンス、「コアの部分が上手につくれるかどうか」が、非常に大事になるわけです。

そういう意味では、結婚も同じで、「コアがつくれるかどうか」が重要だと思います。ここがいつも対立しているような状態であれば、うまくいかないので、お互《たが》いに補完し合うとともに、「一足す一が二になる以上の関係」をつくれるかどうかという目でよく考えてください。あるいは、そこにきょうだいが入ってきたり、親や子供が入ってきたりすることもあるでしょう。その何名かで、地球で言うマントルの核《かく》の部分のようなものをつくることができれば、事業として大きくなっていきます。

ところが、そうした共通意識をつくれなかった場合は、なかなか大を成すことはできません。例えば、「一人仕事」になると、職人的なかたちでスキルを磨《みが》いて成功する以外に道はなくなります。

したがって、何人かで融合《ゆうごう》してコアがつくれるかどうかは、非常に大事なことなのです。それを「相棒」と言ってもいいでしょうが、そうした「相棒なくして事業なし」というところがあるわけです。やはり、個々人がバラバラのまま集まったところで、力は出てきません。そのへんも理解しておいたほうがよいと思います。

新規に事業を起こす場合でも、たいてい、最初は夫婦《ふうふ》がもとになって始まっているところが多いのではないでしょうか。そこに理解する人が参画してきて、広がっていくものなので、事業経営についても、男性にとって、奥《おく》さんの存在は非常に有利になることもあるだろうと思います。

ただ、これが壊《こわ》れた場合には、非常にマイナスに働くでしょうから、修行《しゅぎょう》は続いているということかもしれません。

## 「結婚力《けっこんりょく》」の〝偏差値《へんさち》〟を高めていく努力を

ともかく、「結婚学《けっこんがく》」としての実力を伸《の》ばすのはなかなか難しいとは思いますが、どの世界にもあるように、「結婚力」といったものも〝偏差値《へんさち》〟で分類することは可能でしょう。偏差値二十五から七十五ぐらいまで、たぶん分かれるのではないかと思うのです。

例えば、「結婚力」において〝高偏差値〟を取るような人なら、難なく乗り切ってしまえるようなことであっても、その偏差値が低い人の場合は、あっという間に座礁《ざしょう》してしまうこともあるのではないでしょうか。

このへんについても、これから勉強してほしいと思いますが、そのためには、自分より先に行《い》っている者を見て学ぶことが非常に大事になります。

確かに、教科書化するのはなかなか難しいでしょうし、自分自身で工夫《くふう》しなければいけないところもあるかもしれません。ただ、「実力の差はあるものだ」とわきまえた上で考えていくことが、やはり大切なのです。

多少、分不相応《ぶんふそうおう》なことも述べたかと思いますが、以上を「凡事徹底《ぼんじてってい》と独身生活・結婚生活」についての概論《がいろん》といたします。

成功するライフ・スタイルへのヒント

夫婦《ふうふ》が補完し合うとともに、
「一足す一が二になる以上の関係」を
つくれるかどうか
という目でよく考えてください。

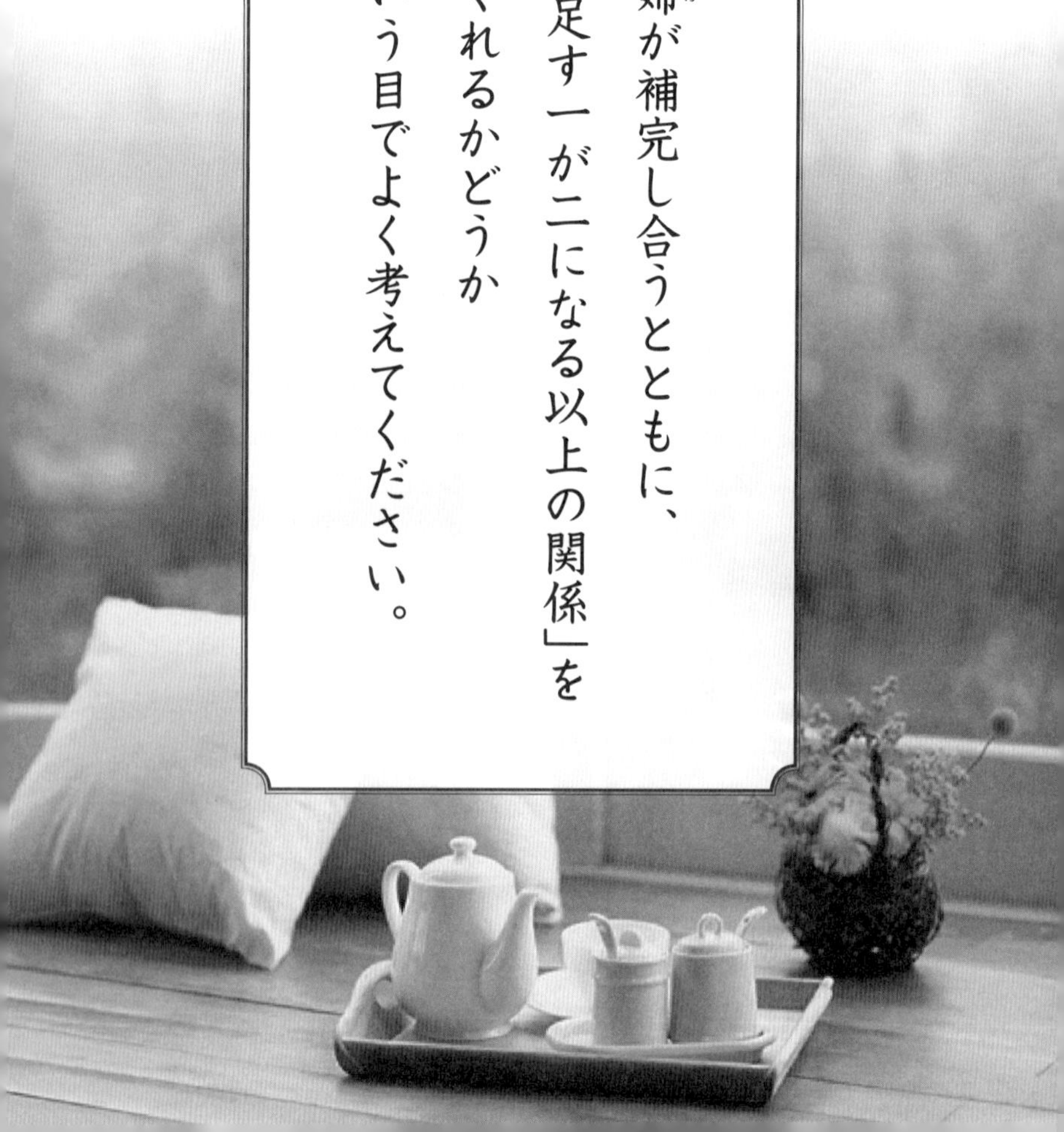

# 第2章

質疑応答

# 家庭経験を仕事成功につなげる知恵《ちえ》

二〇一七年七月一日

幸福の科学 特別説法堂《せっぽうどう》にて

## Q1　仕事の生産性を高めつつ、家庭を維持《いじ》するためには

質問者A　家庭と仕事、あるいは、修行《しゅぎょう》とのバランスの観点から質問させていただきます。

先ほどの法話《ほうわ》「凡事徹底《ぼんじてってい》と独身生活・結婚生活」（本書第1章）にもありましたように、家庭というのは幸福の基《もとい》であり、うまくいけば、さらなる発展の基盤《きばん》になるものであると思います。ただ、結婚すると経済的な負担が増え、さらに、子供ができると、経済的な面だけでなく、自分の時間が取られるなどの負担が増してくる面もあると思います。

そうしたなかで、自己研鑽《けんさん》を続けながら、知的生産力、生産性を高めていくこ

とが、家庭を護《まも》り、自分自身もよりよい仕事をなしていくための道であるかと思うのですが、その際に持つべき考え方のポイントをお教えいただければと思います。

例えば、男性の場合、家庭を護るためと思って仕事をしていても、長時間働いて夜遅《おそ》く帰ってきたりすると、奥《おく》さんから叱《しか》られたり、子供に十分に目が届かなくて、子供が荒《あ》れたりすることがあると思います。家族のためにと思って頑張《がんば》ってはいるのだけれども、自分の時間の使い方や仕事の仕方によっては、家庭と仕事のバランスを取ることが難しいところもあると思います。

その意味で、よりよい仕事をして、生産性を高めていく努力をしながらも、家庭が崩《くず》れないための注意点について、ご教示賜《たまわ》れれば幸いです。

## 家庭内の負担を外に見せない努力

大川隆法　この内容は、こちらが教えていただかなくてはいけないほうかもしれませんね（笑）。

なぜかというと、幸福の科学の宗務《しゅうむ》本部に勤めている男性で結婚《けっこん》している人は、みな、「家庭を持っている」という事情をできるだけ感じさせないように仕事をしているからです。まるで独身でもあるかのように働いているので、おそらく、奥様にかなり負担がかかっているのではないかと、内心、忸怩《じくじ》たる思いです。

そもそも、奥さんやお子さんがいるのであれば、いろいろとやらなくてはいけないことも多いでしょう。ところが、宗務本部に〝生き残っている〟のは、そうしたことを感じさせないで仕事をしている人たちだけのようです。家庭の事情に吸い込《こ》まれていって、洗濯機《せんたくき》で回されるような感じになる人は、残っていないような気がします。

やはり、結婚すると、この世との接点が多くなるので、世間《せけん》との交渉《こうしょう》の部分については、まるで剣《けん》の名人が刀で斬《き》るような瞬間《しゅんかん》的な判断によって、非常に短時間で片付けているのかもしれません。そうでなければ、奥さんのほうが優《すぐ》れ者で、全部、引き受けているのではないでしょうか。おそらく、そのどちらかであろうと推定します。

実は、宗務本部の男性職員の場合、以前、同じような仕事をしていた女性と（宗務本部の）外へ出てから結婚して、もう一回、帰ってきている場合が多いのです。つまり、奥さんのほうが、ご主人のやっている仕事を知っているので、ありがたいことに、なるべく男性のほうに負担をかけないように努力なさっているのでしょう。

一方、私の場合は、家庭のなかというか、子育てしているところを弟子《でし》に見られている状況《じょうきょう》が延々と続いています。まるで、「しながわ水族館」の魚のようなものであり、ガラス張りで丸見えなので、いろいろと批評されているかもしれません。それをガラス一枚で護り切ることができるかどうかというところでしょうか。障子《しょうじ》もなくガラスだけという感じなので、家庭のなかのいろいろな些細《ささい》な波風も、よく見えてしかたがないだろうとは思っています。

したがって、むしろ、宗務本部の職員の努力が実際どうなっているのかを知りたいぐらいなのです。

ただ、言えることは、宗務本部の幹部で、結婚してもまだ〝生き残っている〟ような人の場合、たいてい、「奥さんのほうが、お子さんの面も含《ふく》めて、そうとうな部分を引き受けている」ということでしょう。

その意味で、旦那《だんな》さんは、もう、ほとんど〝月給鳥《げっきゅうとり》〟にしかならなくて、〝ペリカン便〟のような感じになっているのかもしれません。そのようなかたちで、〝生活臭《しゅう》〟を出さないように努力なさっているような気がするのです。

みな、精神的に耐《た》える力がすごくお強いようで、身内に不幸があっても、できるだけそれを出さないようにするし、子供が進学したり結婚したりしても、全然、それを外に出さないようにするので、よくできた人たちなのだと思います。

結局のところ、普通《ふつう》の人間よりも、何かで〝プラスアルファ〟的に処理していく能力というか、片付けていく能力が高くないと、家庭を持って仕事のレベルを落とさずにやっていくことは困難でしょう。また、「どうすればそうなるか」と言われても、やはり、そのようになりたいと思って目指さないかぎり、そうはならないだろうとは思うのです。

なお、私は、自分のことを中心に仕事をさせてもらってはいるのですが、そうしていながらも、子供たちの成長には目を配ってきました。「どのように、この人を成長させていけばよいか」ということを常に考えながら、ずっと見てはきたのです。

もちろん、そのあたりの「プラスアルファの努力」のところは、ほかの人には完全に理解されるものではありません。ただ、ほかの人と同じであれば、〝えぐれてしまう〟のは当たり前だろうと思います。

そう考えると、比較《ひかく》的失敗が少ないのは、以前、同じような仕事をしていた人と結婚した場合でしょう。その際には失敗が少ないように感じられます。ところが、まったく理解しない人と結婚した場合は、けっこう厳しいようには見えるのです。

さらには、教団のなかでも出世等はあるので、出世していくと、それなりに仕事の重みが変わっていきます。そのときに、「奥さんなどが、愚痴《ぐち》や不満の部分に対応していけるかどうか。それ相応に、自分で引き受けたり消し込んだりしていかなくてはいけない部分を、負担できるかどうか」という面も出てくると思います。

もし、ついてこられなくなる場合があるとしたら、なかなかうまくいかないこともあるかもしれません。

成功するライフ・スタイルへのヒント

普通《ふつう》の人間よりも、
何かで〝プラスアルファ〟的に
処理していく能力が高くないと、
家庭を持って仕事のレベルを落とさずに
やっていくことは困難でしょう。

## 親から引き継《つ》いだ〝文化的遺伝子〟をどう子育てに生かすか

各人の家庭の運営の仕方には、親から引き継《つ》いだ〝文化的遺伝子〟が入っているものです。自分が親に育てられたときに、「両親が子供に対してどうだったか。親戚《しんせき》やきょうだい、あるいは、祖父母に対してどうだったか」といったところを見て経験しているので、それが多少は影響《えいきょう》するわけです。

もちろん、自分が見てきた世界のなかで、よかったと思うものについては、自分もそのようになろうと努力したらよいでしょう。また、よくなかったと思われる経験をした場合、あるいは、悪い現象を見た場合には、単にそれを自分の現在の不幸なり失敗なりの原因の説明に使うのではなく、「自分は、そうはならないようにしよう」と心掛《こころが》けるべきではないかと思います。

やはり、同じ家庭に生まれたきょうだいでも違《ちが》いは出てくるので、それを見れば、「環境《かんきょう》要因がすべて」とは言えないでしょう。「逆境」と言われるもののなかからも、よいものが生まれてくることはあります。だいたい、大事業家になっているような人というのは、「もともと、家は貧しかった」という人が多いものです。貧しかったがゆえに、ハングリー精神を発揮して、「成功したい」という欲求が強くなることもあるからです。

あるいは、家庭のなかで、両親の愛に飢《う》えていた人や、両親共にいなかったり片方が先に亡《な》くなったりして、愛を十分に受けられなかった人もいるでしょう。その場合、「それゆえに、自分も子供に対して同じようにする」という生き方もありえますが、「自分がそういう経験をしたがゆえに、自分の子供たちには、そういう気持ちは味わわせないようにしよう」という考え方もあるだろうと思うのです。

実は、教育には、「親のほうが、できなかった自己実現の部分を、もう一回やり直す」という面もあります。「もし自分がその立場だったらどうなのかを追体験するような場でもある」という気はするので、親子で同一視して、自分のことのように喜んだり悲しんだりする面があってもよいのではないでしょうか。

ただ、子供が一定の年齢《ねんれい》になったときに、「どのように、うまく子離《こばな》れしていくか」、あるいは、子供として、「どのように、うまく親離れしていくか」という、〝ロケットの切り離し方〟のところは非常に難しいので、ここは正しい認識が必要だと思うのです。

私の親のことを考えてみても、子煩悩《ぼんのう》だったせいか、「子供が独立していく段階」での考え方等には、やはり難しいものがあったように感じています。

例えば、私の兄の場合、先ほど「〝高等遊民〟みたいだった」という話もしましたが、親が干渉《かんしょう》しすぎた面もあったかもしれません。もう少し、自立させるように、日ごろから親が心掛けていればよかったのでしょうが、自分の権力圏内《けんない》というか、力が働く範囲《はんい》内に置いておきたい気持ちがあったのも事実だと思うのです。

あるいは、親によっては、「子供に面倒《めんどう》を見てもらいたい」と思うがゆえに、一生懸命《いっしょうけんめい》〝念力《ねんりき》〟で囲い込んでいるような場合もありますが、あまり成功しないことのほうが多いでしょう。

そのように、親子であっても、適当な距離《きょり》を取るのは非常に難しいところがあります。あまり離れて疎遠《そえん》になりすぎても駄目《だめ》ですが、近すぎると、また今度は独立できなくて、いずれ決裂《けつれつ》するような悲劇が出てくることもあるのです。したがって、独特の距離の取り方をしながら、次第《しだい》しだいに、ある程度、自立させていかなくてはいけません。

これは、自然界でも同じであって、動物などでも一人前になると、やはり、親元を去っていくのが普通でしょう。人間だからといって、親子関係が死ぬまでずっと同じ状態で続くわけではないので、子供が結婚したり、孫ができたりする状況になってくれれば、距離の取り方は自然と変えていかなければいけません。

そのあたりの〝切り替《か》え〟が上手でないと不幸が起きてくるわけで、それが嫁《よめ》姑《しゅうとめ》問題や、親子の葛藤《かっとう》として、よく出てくるのだと思います。

もちろん、逆に、子供に厳しすぎることもあるでしょう。自分の代ではだいぶ楽になっているにもかかわらず、昔、自分が非常に厳しい環境にあって経済的にも苦しかったので、「同じような〝不幸〟を味わわせたい。経験してもらいたい」というような気持ちがあった場合です。自分としては「鬼《おに》コーチ」的にやっているのですが、子供からは「鬼そのもの」に見えてしまうところもあるので、親子関係は本当に難しいものだと思います。

ただ、こうしたことも「人生の課題」の一つなのかもしれません。

## 厳しい夫婦《ふうふ》関係や親子関係の生かし方、賢《かしこ》い「伴侶《はんりょ》の選択《せんたく》」

私のところは、子供が五人もできたのですが、これは結婚する前に（天上界《てんじょうかい》から）言われていたことなので、「天上界の決まりか」と思って受け入れたのです。ところが、「子供が五人以上もいる家庭というのは、日本では四百軒《けん》に一軒ぐらいしかない」と聞きました。これはパーセンテージとしては、「けっこう厳しい状況で、普通、もたない」ということなのでしょう。

そのように、四百軒に一軒ぐらいしかない状況で、重い責任を負った仕事を続けるには、そうとうシステマティックな発想がなければ無理だったのですが、「それでも少しガタは来たのかな」と自分で思っている面はあります。

ただ、「学んだところも多かったかな」とも考えています。宗教に携《たずさ》わる人間には、一人で籠《こ》もって瞑想《めいそう》的に生きることの有利さもありますが、ある程度、

「人間通」でなければ、やっていられないところもあるからです。そうでなければ、人生相談等を受けられません。

その意味で、生活面での厳しい夫婦《ふうふ》関係や親子関係、あるいは、そのつながりでの関係等が出てきても、その経験が、説法《せっぽう》をしたり人生相談をしたりするときに生きることもあるわけです。したがって、「それをプラスに転じよう」と考えて、自分の心のコントロールに、十分、使っていくことが大事だと思います。

ただ、大きく言うと、人間には器用な人と不器用な人がいるので、そのあたりは、人の本質としてズバッと見抜《みぬ》かなくてはいけないところではあるでしょう。

例えば、「自分の仕事から見ると、この人の器用さでは、少し無理かな」という相手と結婚したら、やはり苦労はするはずです。あるいは、「このくらいは支えてもらわなければいけないのだけれども、男として外見だけに惹《ひ》かれる」とか、「学歴だけに惹かれる」とかいうこともあるかもしれません。そのように、特殊《とくしゅ》な部分に惹かれたりするわけです。

ただ、自分として家庭生活を営《いとな》みながら仕事で大成していくための条件にならないものに惹かれている場合、一緒《いっしょ》になっても、若干《じゃっかん》、〝座礁《ざしょう》するような未来〟がある可能性は高いと思います。

したがって、そうした本能的な欲求だけでなく、「将来の仕事や家庭生活を続けていけるかどうか」という観点から、伴侶《はんりょ》の選択《せんたく》を間違わないことが大事でしょう。

特に宗教関係の仕事であれば、信仰《しんこう》のところは大きいと思います。その場合、信仰が違うのは、家庭内戦争を抱《かか》えているのとほとんど同じなので、それを何十年も続けるのはそうとう難しいはずです。

もちろん、結婚の段階で、多少、意見に違いがあっても、だんだんに同じ信仰に入っていけるような関係なら、まだいいかもしれません。しかし、最初から犬と猿《さる》のような関係なのであれば、その状態のままでずっと結婚生活を続けるのはなかなか厳しいし、子供のほうとしても難しいだろうとは思います。

最後は、「理解できるかどうか」、それから、「どの程度まで寛容《かんよう》であれるか」というようなところに落ち着いてくるのではないでしょうか。

男性にも、人によっては、自分の仕事の内容を一切《いっさい》、家庭で話さない人がいます。これは、それなりに男らしい人だとは思うのですが、夜の十時、十一時、十二時まで、ただただ待っている奥さんのほうとしては、「たまらない」という面もあるわけです。

したがって、このあたりをどういうかたちで共有するかは、難しいレベルのものではありましょう。夫としては、「話してもしかたがない」という人もいるだろうし、「余計なことを言って、おしゃべりでもされたら敵《かな》わん」という人もいると思います。もしくは、「妻は相談相手になる」という人もいるでしょうから、人によって、「どのように伴侶を使うか」という問題はあるかもしれません。

私などは、「できるだけ相談ができるような相手がいいな」と思っているほうではあるのですが、現実の会社生活等で言えば、「会社の仕事について、妻に話しても分からない」というようなことは多いはずです。そのため、「話さない」という人は、けっこう多いのではないかと思います。

逆に、同じ会社の社員同士で結婚して、例えば、「妻が人事部出身」といった場合、夫の給与《きゅうよ》明細や出世の速度を見ただけで人事査定されてしまって、「わが夫は、今、座標軸《じく》的にこのあたりにいるらしい。未来はこうなるだろう」というところまで、占《うらな》い師のように予言できる妻が存在することもあるでしょう。「知りすぎていて怖《こわ》い」という場合もあるわけです。

そのように、よし悪《あ》しはありますが、やはり、伴侶というのは、うまく働けば最大の協力者になり、最大の参謀《さんぼう》にもなる人です。そういう意味で、結婚を通して「人間として賢《かしこ》いかどうかの見極《みきわ》めはされる」ということは、運命として受け入れざるをえないと思います。

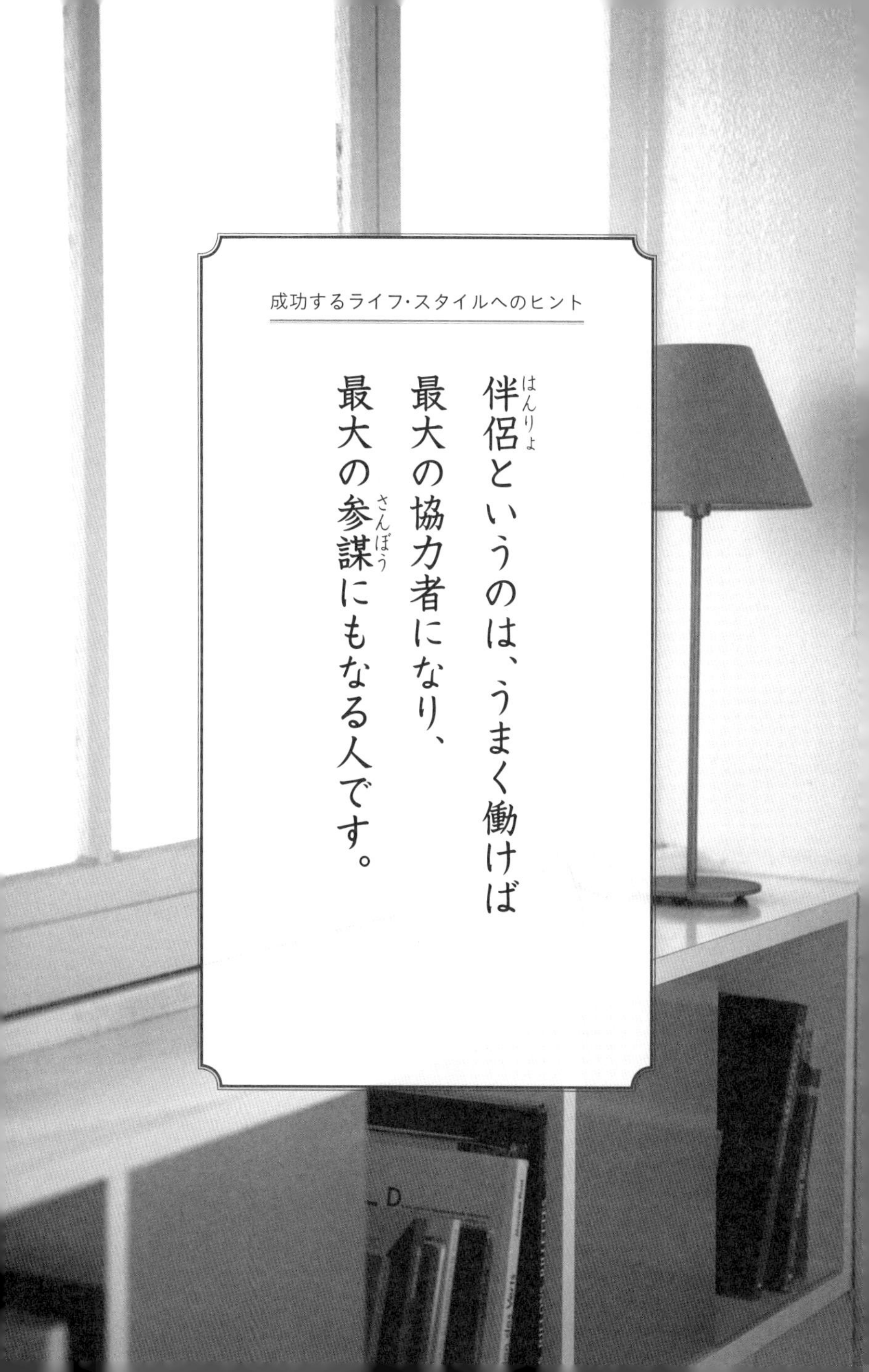

成功するライフ・スタイルへのヒント

伴侶《はんりょ》というのは、うまく働けば
最大の協力者になり、
最大の参謀《さんぼう》にもなる人です。

## Q2　自分に経験のない「家庭の悩《なや》み」に答える方法

質問者B　独身の場合、結婚《けっこん》生活や子育てを経験しないことになりますが、悩《なや》みを解決する処方箋《しょほうせん》を出す宗教者としては、相手の悩みに共感しにくい部分もあるかと思います。

幸福の科学の「下化衆生《げけしゅじょう》」（一人でも多くの人を救おうとすること）の動きがますます広がりを見せるなかにあって、その場合は、個人として、どのような修《しゅ》行《ぎょう》を心掛《こころが》ければよろしいのでしょうか。ご教示《きょうじ》賜《たまわ》れれば幸いです。

## 「経験知を増やす努力」と「心を研《と》ぎ澄《す》ませる修行《しゅぎょう》」を

大川隆法　あなたの場合はまだ〝（独身者としての）中間報告〟でしょうから、今後どうなるか分からないものだとは思います。

ただ、キリスト教のシスターも独身ですけれども、歴史的には、人助けを十分にやってきているように思うので、「独身だから、相手の悩みなどがよく分からない」ということはないのではないかと思うのです。

例えば、病院には医者も看護師もいますが、毎日、大勢の病人を相手にしているうちに、経験知が溜《た》まってきて、治療《ちりょう》や看護を十分にできるようになることはあります。

同じように、シスターや尼《あま》さんが、「私は結婚生活をしていないので、結婚や子育てなどの相談に全然答えられない」と思っていても、いろいろな人の話を、いろいろなところで聴《き》いているうちに、経験知として溜まってくるものがあるのです。

したがって、独自の経験知を増やそうとする勉強を続ければ、仕事としてできるようになるのではないかと思います。

男性の場合も同様です。

ローマ法王以下、バチカン系の聖職者は、実際にはどうか知りませんけれども、公《おおやけ》には「独身」ということになっているので、そのあたりの経験知はないはずです。それでも、人生相談には答えなくてはいけないわけです。

では、何に拠《よ》るかというと、バイブル、『聖書《せいしょ》』ですが、最後には、「神に祈《いの》る」というところに行きます。

そのため、この世を超《こ》えた世界からの力を受けるための修行《しゅぎょう》も、日々、行《おこな》っているのです。最後には「祈りの力」等も使い、霊的《れいてき》なパワーで解決していただけるようにお願いできる能力を、日々、磨《みが》いています。それが最後の防波堤《ぼうはてい》になるのではないかと思います。

「心を研《と》ぎ澄《す》ませる修行をしていれば、行く先々で、言うべき言葉が、自《おの》ずから、口をついて出てくる」とイエスは言っていますし、同じようなことを仏陀《ぶっだ》も言っています。

経験豊富な指導霊がたくさん存在するので、そういう霊人《れいじん》が、相手の霊的な実相や過去のいろいろなことを見抜《みぬ》いた上で、アドバイスを与《あた》えてくれることがあります。

したがって、宗教修行をしているなかであっても、「人間通《つう》」になっていくことは可能だと私は思っています。

特に、コンサルタント的にいろいろな人の悩みを聴いているうちに、人間の悩みを、ある程度、類型化できることが分かってきます。そうすると、「ああ、あのときのあの人の場合は、「こうだったな」というようなことに基《もと》づいて、意見を言えることが多くなってくるのではないかと思います。

## 宗教的生活と実務的生活の両立は、なかなか難しい

ただ、修道院《しゅうどういん》での生活に耐《た》えられない人だと、途中《とちゅう》で修道院を出ていくことは多いのです。

以前、オードリー・ヘップバーンが修道院の修道女を演じた映画がありました（一九五九年公開の映画「尼僧《にそう》物語」／ワーナー・ブラザース）。

そのなかで彼女は看護師をしていて、医者が外《げ》科《か》手術をするときには、それを手伝っていました。

ただ、修道院の規則により、一定の時間が来る

映画「尼僧物語」（1959年公開／フレッド・ジンネマン監督／ワーナー・ブラザース）

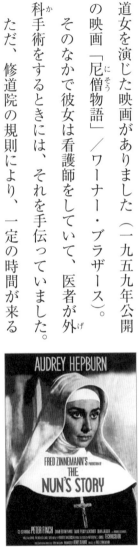

と、シスターたちは手術の手伝いをやめて黙想《もくそう》等をしなくてはいけないのです。病人を治療している途中であっても、それを放置してお祈りに入らなくてはいけないので、彼女は、それに耐えられないというか、「こんな非条理なことがあってよいのか」と感じるわけです。

イスラム教徒にも同じようなところがあります。イスラム教徒は、一日に五回、メッカの方向に向けて五体投地《ごたいとうち》のような姿で跪《ひざまず》き、お祈りをするのです。

ただ、これを怖《こわ》がっている人は大勢います。例えば、飛行機の機長がそれをやり始めたりするのかと思うと、恐《おそ》ろしくて飛行機に乗れません。しかし、イスラム教徒にとっては、「いや、信者の義務なので、それをやらなくてはいけないのだ」ということなのです。

また、ニューヨークに行くと、タクシーの運転手がセントラル・パークの橋の袂《たもと》あたりで、跪き、祈っている姿をときどき見かけます。

しかし、何かの仕事をしている最中に、突如《とつじょ》、モードが切り替《か》わるようなことをやられると、けっこう困ることもあります。お客の「生命《せいめい》」や「安全」がかかっている場合には困るのですが、平気でそれをやる方もいるのです。

そういうこともあって、「宗教的生活」と「実務的生活」とは流れが一緒《いっしょ》ではない場合もあるので、その両立はなかなか難しいことではあるかと思います。

そのしきたり自体がもう古くなっているのです。昔の人がそう決めたのですが、現代に適用できないものになっているところに問題があります。それについては、仕組みを少し考え直してもよいだろうと思うのです。

オペ（外科手術）をしているときには、いくら何でも、黙想などやっていられません。それは当たり前のことです。仕事の内容から見て、途中でその仕事をやめられないのです。

また、パンを焼いている最中で、「作業を止《と》められない」というときに、「時間が来たから、今、お祈りをしなくてはいけない」と思っても、いくら何でも、それには無理なところがあります。

そのように、古い戒律《かいりつ》などに関しては、各人がやっている仕事に合わせて、多少、現代的に改変しなくてはいけないところがあるのではないでしょうか。私はそう思います。


「自分が自由に力を発揮できる範囲《はんい》は、どこまでなのか」を考える

あなた（質問者Ｂ）の今の仕事には、女性として独身だからできている面は、そうとうあると思います。

では、あなたが結婚して今の仕事から抜けたら職場が回らないかというと、そうでもなく、ほかの独身の人があなたに代わって仕事をし、「私がやれることになってよかった」という感じにすぐなってしまうこともあります。厳しいことで

すが、目に見えないところでは、こういう競争があるのです。

しかし、これは、出家者《しゅっけしゃ》だけではなく、歌手や女優などでも同じでしょう。芸能事務所等は、仕事ができなくならないようにするため、「二十五歳《さい》までは結婚できない」「三十五歳までは結婚するな」などと言って、けっこう圧力をかけるようです。

「恋愛禁止《れんあいきんし》」というところもありますが、「それは人権を無視している」と言われたこともあります。ＡＫＢ48には、（違反《いはん》して謝罪し）頭を丸刈《まるが》りにした女の子もいましたが、こういったことには外国からも非難が出ていました。

まあ、事務所側には、「かけてきた投資を回収するには、このくらいの期間を独身で働いてもらわないといけない」という事情もあるのだと思います。

そのように、「職業のせいで、自分は特別に不自由だ」と思う人もいるかもしれませんが、不自由に思えることは、ほかの職業にもないわけではありません。

例えば、「男女平等なのだから、女性のパイロットがいてもよい」という考えもあるのですが、「妊娠《にんしん》して、お腹《なか》が大きくなり、健康状態が不安定になっているときにも、操縦させるのか」といったら、そういうわけにはいかないでしょう。やはり配慮《はいりょ》せざるをえません。

ですから、いろいろな特殊《とくしゅ》事情が出てくると思いますが、そのなかで、「自分が自由に力を発揮できる範囲《はんい》は、どこまでか」ということを考えるべきです。世の中は「諸行無常《しょぎょうむじょう》」なので、「自分は、そこまでプロフェッショナルには道を貫《つらぬ》けない」と思うなら、人員の交代などが起きることもあるかもしれないということです。

## 結婚《けっこん》しても管理職等ができる女性の特徴《とくちょう》

結婚《けっこん》しても管理職等をしている女性もいることはいるのですが、見ていると、

成功するライフ・スタイルへのヒント

独身で宗教修行《しゅぎょう》をしているなかで
あっても、
「人間通《つう》」になっていくことは
可能だと私は思っています。

そういう人たちには、パーソナルな事情を外に見せないタイプの人が多いので、「それを消し込《こ》めるだけの胆力《たんりょく》がかなりある」ということだろうと思います。

結婚しても子供をつくらない人や、一人ぐらいで止《と》めておく人もいます。仕事が重い場合には、そういうことも考えなくてはいけないかもしれません。

結婚している女性が芸能活動をする場合などは、子供がいなければ、あるいは子供が一人ぐらいだったら、続けられる面があります。子守《こも》りをする人が要《い》るかもしれないなど、多少、制約はありますが、まだ仕事ができる面があるのです。

ただ、普通《ふつう》は、いろいろと相談をしないと無理なところはあるかと思います。「（子育てなどに）時間を取られる」ということもよくあるのですが、もう一つ多いのは、「（仕事に）専心《せんしん》できない」ということです。心を一つの仕事に没頭《ぼっとう》させることができないことが多く、専心を非常に要求されるような仕事の場合には、結婚生活等が引っ掛かってくることがあるわけです。

## 宗教的な仕事では、普通《ふつう》の会社のようにはならない

それから、女性の場合、もう一つ、「ハズバンド（夫）ができると、主《しゅ》が二人になる」というようなところがあります。「夫に仕える」ということと、「宗教的な指導者に仕える」ということとで、主が二人になりますが、これには難しいところがないわけではないのです。

居場所（セクション）によっては、それを両立できるでしょうが、両立できないような部署もあるでしょう。

例えば、幸福の科学の宗務《しゅうむ》本部の場合、毎日、仕事がビシビシにあるわけではないけれども、二十四時間、三百六十五日、なかなか気が抜けず、いつ呼び出しがかかるか分からないようなところがあります。

そういう意味では、神経にビリビリ来るでしょうが、結婚していてもやれるよ

うなセクション、「一定の時間働けば、それでよい」という部署も、あることはあるので、このあたりについては、この世的な調整の原理が働くべきでしょう。

ですから、これに関しては、あくまでも、個人的な能力としての人間関係力や仕事を推《お》し進めていく能力、それから、適性の問題や仕事の性質の問題と関係があります。

神社の巫女《みこ》さんや尼寺の尼さんのような仕事になると、普通《ふつう》の会社というか、「福利厚生のよく効いた会社で、結婚後も子供を育てながら仕事ができる」というようなことにはならないところも、あることはあると思うのです。

仕事に特質性がある場合、そのへんについては、多少、「自分の人生をどう設計するか」ということを考えなくてはいけないわけです。

今述べたことを簡単に言えば、次のようになります。

宗教的な仕事において、「今日は、これをやらなくてはいけない」と思っていても、早く帰らないと、家で親父《おやじ》が怒《おこ》るとか、息子《むすこ》が暴《あば》れるとか、そういうことになる場合には、「仕事」と「家庭」の間で板挟《いたばさ》みになります。

それをどうしても乗り越《こ》えられなければ、「仕事の性質を変える」か、あるいは、「家庭に関する事柄《ことがら》の一部を断念して、宗教的な仕事に専心する」か、このどちらかになるのです。

## 「四大聖人《せいじん》」の家庭生活は、どのようなものだったか

「四大聖人《せいじん》」といわれる、釈迦《しゃか》、キリスト、ソクラテス、孔子《こうし》を見ると、独身か家庭生活に失敗した方がほとんどです。その面で成功していない方が人類の基本的な教えを説いているので、かなり難しいものなのだろうと思います。

お釈迦様は、家庭も親も捨てて修行しました。お父さんのほうは、「お城のなかで修行をやれないのか」と言っていたと思うのですが、やはり、やれないもの

であったでしょう。両立できないものがあったと思うのです。

イエスも公式には結婚していないことになっています。「奥《おく》さんがいたかもしれない」という説はあるのですが、本人も（霊言《れいげん》等で）はっきりとは言わないので、よく分からないのです。

「マグダラのマリアやサロメなど、幾人《いくにん》か奥さんらしき者は存在したのではないか」と思える記述が『聖書』の外典《がいてん》には出ていますし、「子供もいたのではないか」という説もあることはあるのですが、いずれも公式には否定されていると思います。

ただ、ペテロ以降、ローマ法王は独身ですし、イエスを見ていた弟子《でし》たちが独身で活動していたことを見れば、公然と妻帯《さいたい》できるような状態ではなかったのではないかと思います。

実際、危機と隣《とな》り合わせの生活であり、迫害《はくがい》されながら伝道をしていたので、家庭を持つにはかなり厳しい状態ではあっただろうと思うのです。

また、独身であったからこそ、弟子たちには、「逆《さか》さ十字」に架《か》けられたりしながら死んでいけたようなところはあります。家庭を持ちながら、そうなっていくのは、大変なことであったでしょう。

ソクラテスの場合は、「家庭がありながら毒杯《どくはい》を仰《あお》ぐ」という、この世的に見れば異常性のある生き方をしていますが、これは「天命のほうが大きすぎた」と見るべきでしょう。

孔子は、「礼節」などをいろいろと言うので、「家庭の調和」について指導しているようにも見え、「経世《けいせい》の術《じゅつ》」を教えているようにも見えるのですが、本人は離婚《りこん》しています。奥さんに逃《に》げられたのです。

なぜ逃げられたかというと、孔子が「細《こま》かすぎた」ということです。孔子は、物事に対して、あまりにも細かく、料理などについても細かかったのです。「膾《なます》は細かければ細かいほどよい」というような言葉が遺《のこ》っているぐらいであり、肉や野菜などの切り方にまで口を出すぐらいの人だったので、奥さんとしては、とても神経が耐えられなかったのではないかと思います。

孔子には、鯉《り》（孔鯉《こうり》）という名の息子がいたのですが、周りの弟子との関係では、多少、難しい面はあったようです。周りの弟子から、「先生は息子さんに対して何か特別なことを教えているのか」ということを訊《き》かれ、息子のほうは、「自分は特別な教えを受けてはいない」ということを言っているのです。このあたりの関係も、なかなか難しかったようです。

## 私が『釈迦伝《しゃかでん》』を書けないでいる理由

私は、「『釈迦伝《しゃかでん》』を書こうか」と思いつつ、書けないでいます。書くと、かなりの部分に〝修正〟を入れなければいけなくなるからです。「これでよかったのかなあ?」と思うところが、たくさんあることはあるので、非常に言いにくいのです。現代でも使えるところについては言っていますが、それ以外については沈《ちん》黙《もく》することにしています。

現代的に見ると、「ここは夫として無責任だなあ」「これは親として無責任だなあ」と思うところが、かなりあることはあるので、つらい面はあります。

釈尊《しゃくそん》が出家したあと、釈迦族そのものは滅《ほろ》びていますが、これは会社で言えば倒産《とうさん》でしょう。「跡継《あとつ》ぎ息子である長男が家出をして宗教を始め、会社は潰《つぶ》れた」というような状態なので、その時代にフォーカスして説明しようとすれば、若干《じゃっかん》、説明し切れない面はあるのです。

ただ、「大きな使命を持った人」の場合には、この世的なことでのプラス・マイナス、この世的な部分での善悪だけを言ってはいけない面があります。もっと大きな天命が働いてきて、やっている場合には、もう、いかんともしがたいものがあるのです。

その人の仕事によって恩恵《おんけい》を受ける方が、後世、数多くいるのなら、一個人の家庭的な幸せとか、家族の幸せや会社の幸せとか、そのようなものが、若干、被《ひ》害《がい》を受けても、これには、ある程度、やむをえない面があるのではないかと思います。

そのあたりを分かっていて、後世の弟子たちは、それについて責めたりはしていないようです。

## 「自分は何者か」ということを発見する

あなた（質問者B）自身についても、実際に、それが個人的な悩みとしてあると思いますが、やはり、「天命がどの程度あるか」にかかっていると思うのです。

天命が大きければ、仕事に邁進《まいしん》しなくてはいけないと思いますし、「天命はそれほどではない」と思うのなら、多少、この世的に賢《かしこ》いものの考え方をする必要もあるかと思います。

結局、「自分は何者か」ということの発見になるのではないかと思います。これは、宗教だけではなく、ほかの職業に就《つ》いている人にとっても同じだと思うのです。

女優としてヒットしている人、歌手としてヒットしている人、野球選手として活躍《かつやく》している人など、いろいろいると思うのですが、そのような人であっても、みな、家庭を持つと環境《かんきょう》に一定の変化が起きるので、「仕事を続けられるかどうか」という同じ問題を、おそらく持っていると思います。

要するに、「変化しないことをもって、よしとする人生」と、「変化していきながらでも、生き延びていくことを、よしとする人生」と、この両方がありうるのです。

## 天上界《てんじょうかい》の支援《しえん》を受けることで、あらゆる問題に対処していける

それから、宗教家の場合、「人生経験が足りない部分」については、霊的な部分でアシスト（支援《しえん》）が働くことはあります。

私であってもそうです。自分自身ができるだけ勉強をしてはいますが、いろいろな問題に答えていく場合に、天上界《てんじょうかい》のありとあらゆる霊たちが、必要とあらば支援に入ってきてくれるので、そういう意味では、ありがたかったのです。

私は、独身時代にも、講演後に質疑応答も行《おこな》っていました。質問者のなかには、私よりベテランの方、人生の先輩《せんぱい》が多かったと思いますが、講演会等で質問にお答えしていくときには、〝大ベテラン〟の支援霊などがよく来ていましたので、「相手の事情も見通して、答えが自然にひらめいてくる」ということがありました。

そういうことになれば、あらゆる問題に対処していけます。

あるいは、そこまで行かないにしても、説かれた教えのなかから、その問題に関係がある部分を摘示《てきし》し、「こういう教えがありますので、これを参考にされたらよいのではないでしょうか」と答えることでも、十分に使命を果たせるのではないかと思います。

## 成功するライフ・スタイルへのヒント

天命が大きければ、仕事に
邁進《まいしん》しなくてはいけないと思いますし、
「天命はそれほどではない」と思うのなら、
多少、この世的に賢《かしこ》いものの考え方を
する必要もあるかと思います。

# あとがき

「凡事徹底《ぼんじてってい》」とは、一日一生《いちにちいっしょう》を目指す「宗教的人間」が、いかに凡俗《ぼんぞく》にまみれつつも、光ある生活を生き続けるかを問うための言葉である。

神や仏のことを考えたり、座禅《ざぜん》中に、心を空《むな》しうすることはさほど困難ではない。

しかし、その同じ人が、「お金」や「時間」「人との付き合い」にからんでどう日々を生きるかを問われると、簡単には「人生のマスター」にはなれないことに気づく。特に、結婚生活がからんでの男女問題は、閻魔様《えんまさま》が週刊誌にご勤務なされているらしく、現代では聖書、仏典《ぶってん》に通説《つうせつ》・判例《はんれい》を求めることは困難である。結論めいて言えば、完全な生き方はなかろう。経験や知恵に学びながら、よりベターな未来を切り拓《ひら》くしかあるまい。本書を現代的生活に斬《き》り込む仏陀《ぶっだ》の言葉と思っていただければ幸いである。

二〇一八年　一月二十三日

幸福《こうふく》の科学《かがく》グループ創始者兼総裁《そうししゃけんそうさい》　大川隆法《おおかわりゅうほう》

『凡事徹底と独身生活・結婚生活』大川隆法著作関連書籍

『幸福の法』（幸福の科学出版刊）
『凡事徹底と静寂の時間』（同右）
『凡事徹底と成功への道』（同右）
『凡事徹底と人生問題の克服』（同右）
『職業としての宗教家』（同右）
『婚活必勝法Q＆A』（同右）

# 凡事徹底と独身生活・結婚生活

## ――仕事力を高める「ライフスタイル」の選択――

2018年2月5日　初版第1刷

著　者　　大《おお》川《かわ》隆《りゅう》法《ほう》

発行所　幸福の科学出版株式会社
〒107-0052 東京都港区赤坂2丁目10番14号
TEL(03)5573-7700
http://www.irhpress.co.jp/

印刷・製本　株式会社 研文社

落丁・乱丁本はおとりかえいたします
©Ryuho Okawa 2018. Printed in Japan. 検印省略
ISBN978-4-86395-980-4 C0030
本文写真：VTT Studio/Shutterstock.com
カバー写真：497304517/shutterstock.com

## 大川隆法ベストセラーズ・凡事徹底シリーズ

# 凡事徹底と静寂の時間

### 現代における〝禅的生活〟のすすめ

忙しい現代社会のなかで〝本来の自己〟を置き忘れていないか？「仕事能力」と「精神性」を共に高める〝知的生活のエッセンス〟がこの一冊に。

1,500円

# 凡事徹底と成功への道

現代人が見失った「悟りの心」とは？日常生活や実務のなかに流れる「宗教的感覚」や、すべての世界に共通する「一流になる法則」を説き明かす。

1,500円

# 凡事徹底と人生問題の克服

### 悟り・実務・家族の諸問題について

仕事、人間関係、家庭などの「人生の諸問題」を乗り越え、逆境の時にこそ強くなる「現代の悟り」が説かれた一冊。「凡事徹底シリーズ」第３弾。

1,500円

※表示価格は本体価格（税別）です。

## 大川隆法ベストセラーズ・結婚のためのヒント

# 嫁の心得
# 山内一豊の妻に学ぶ
### さげまん妻にならないための 6 つのヒント

賢い女性は、夫も家族も自分も幸せにできる。結婚、子育て、嫁姑問題、価値観の違い――。学校や家庭では教わらない「良妻賢母」になる方法とは。

1,500円

---

# 婚活必勝法 Q&A

結婚したいのにできない人の特徴は？失恋からどう立ち直る？　婚活の賢い考え方から、結婚生活における心掛けまで、婚活必勝のヒントが満載の一書。

1,500円

---

# 稼げる男の見分け方
### 富と成功を引き寄せる 10 の条件

仕事の仕方や性格など、「出世するオトコ」は、ここが違う！　婚活女子、人事担当者必読の「男を見抜く知恵」が満載。男性の自己啓発にも最適。

1,500円

---

幸福の科学出版

## 大川隆法霊言シリーズ・偉人が語る結婚観・努力論

# イエス・キリストに聞く「同性婚問題」

### 性と愛を巡って

時代の揺らぎか? 新しい愛のカタチか? 同性婚や同性愛は、果たして宗教的に認められるのか――。天上界から語られる、イエスの衝撃のメッセージ。

1,400円

# ヒルティの語る幸福論

人生の時間とは、神からの最大の賜りもの。「勤勉に生きること」「習慣の大切さ」を説き、実務家としても活躍した思想家ヒルティが語る「幸福論の真髄」。

1,500円

# 幸田露伴かく語りき

### スピリチュアル時代の＜努力論＞

努力で破れない運命などない! 電信技手から転身し、一世を風靡した明治の文豪が語る、どんな環境をもプラスに転じる「成功哲学」とは。

1,400円

※表示価格は本体価格(税別)です。

## 大川隆法シリーズ・**最新刊**

# 人に嫌われる法則

### 自分ではわからない心のクセ

自分勝手、自慢話、他人や環境のせい……、人に嫌われる「原因」と「対処法」とは。心のクセを客観視して、愛される自分に変わるためのヒントが満載。

1,500円

---

# 小桜姫の新霊界案内

室町時代に実在した小桜姫が、霊界の様子や生まれ変わりのヒミツを分かりやすくガイド。芸能と関係の深い彼女は今、千眼美子として転生している!?

1,400円

---

# 大日孁貴《おおひるめのむち》の霊言

### 天照大神のルーツとその教え

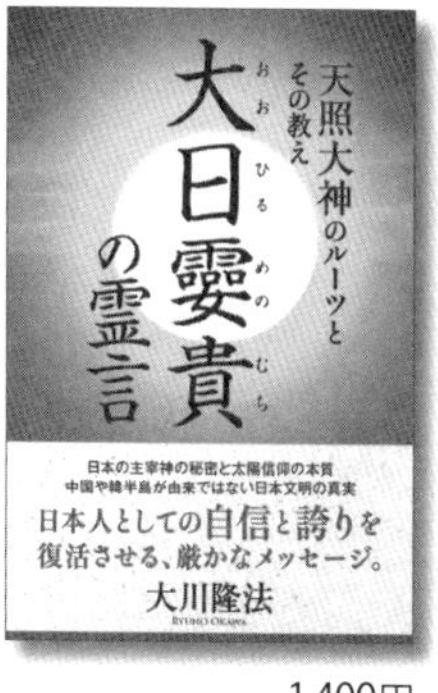


日本の主宰神の秘密と太陽信仰の本質、そして日本文明の発祥の真実が明らかに。日本人としての自信と誇りを復活させる、厳かなメッセージ。

1,400円

幸福の科学出版

大川隆法「法シリーズ」・**最新刊**

# 信仰の法

法シリーズ
第24作

## 地球神エル・カンターレとは

さまざまな民族や宗教の違いを超えて、
地球をひとつに――。
文明の重大な岐路に立つ人類へ、
「地球神」からのメッセージ。

2,000円

第１章　信じる力 ―― 人生と世界の新しい現実を創り出す
第２章　愛から始まる ――「人生の問題集」を解き、「人生学のプロ」になる
第３章　未来への扉 ―― 人生三万日を世界のために使って生きる
第４章　「日本発世界宗教」が地球を救う ―― この星から紛争をなくすための国造りを
第５章　地球神への信仰とは何か ―― 新しい地球創世記の時代を生きる
第６章　人類の選択 ―― 地球神の下に自由と民主主義を掲げよ

幸福の科学出版

※表示価格は本体価格（税別）です。

2018年初夏ロードショー
saraba-saredo.jp

# 幸福の科学グループのご案内

**宗教、教育、政治、出版などの活動を通じて、地球的ユートピアの実現を目指しています。**

## 幸福の科学

一九八六年に立宗。信仰の対象は、地球系霊団の最高大霊、主エル・カンターレ。世界百カ国以上の国々に信者を持ち、全人類救済という尊い使命のもと、信者は、「愛」と「悟り」と「ユートピア建設」の教えの実践、伝道に励んでいます。

（二〇一八年二月現在）

### 愛

幸福の科学の「愛」とは、与える愛です。これは、仏教の慈悲《じひ》や布施《ふせ》の精神と同じことです。信者は、仏法真理をお伝えすることを通して、多くの方に幸福な人生を送っていただくための活動に励んでいます。

### 悟り

「悟り」とは、自らが仏の子であることを知るということです。教学《きょうがく》や精神統一によって心を磨き、智《ち》慧《え》を得て悩みを解決すると共に、天使・菩薩《ぼさつ》の境地を目指し、より多くの人を救える力を身につけていきます。

### ユートピア建設

私たち人間は、地上に理想世界を建設するという尊い使命を持って生まれてきています。社会の悪を押しとどめ、善を推し進めるために、信者はさまざまな活動に積極的に参加しています。

国内外の世界で貧困や災害、心の病で苦しんでいる人々に対しては、現地メンバーや支援団体と連携して、物心両面にわたり、あらゆる手段で手を差し伸べています。

年間約３万人の自殺者を減らすため、全国各地で街頭キャンペーンを展開しています。

公式サイト **www.withyou-hs.net**

ヘレン・ケラーを理想として活動する、ハンディキャップを持つ方とボランティアの会です。視聴覚障害者、肢体不自由な方々に仏法真理を学んでいただくための、さまざまなサポートをしています。

公式サイト **www.helen-hs.net**

## 入会のご案内

幸福の科学では、大川隆法総裁が説く仏法真理《ぶっぽうしんり》をもとに、「どうすれば幸福になれるのか、また、他の人を幸福にできるのか」を学び、実践しています。

**入会**

### 仏法真理を学んでみたい方へ

大川隆法総裁の教えを信じ、学ぼうとする方なら、どなたでも入会できます。入会された方には、『入会版「正心法語」』が授与されます。

ネット入会　入会ご希望の方はネットからも入会できます。

**happy-science.jp/joinus**

**三帰《さんき》誓願《せいがん》**

### 信仰をさらに深めたい方へ

仏弟子としてさらに信仰を深めたい方は、仏《ぶっ》・法《ぽう》・僧《そう》の三宝《さんぽう》への帰依を誓う「三帰誓願式」を受けることができます。三帰誓願者には、『仏説・正心法語《しょうしんほうご》』『祈願文《きがんもん》①』『祈願文②』『エル・カンターレへの祈り』が授与されます。

幸福の科学 サービスセンター

TEL 03-5793-1727（受付時間／火～金：10～20時　土・日祝：10～18時）

幸福の科学 公式サイト

happy-science.jp

教育

# ハッピー・サイエンス・ユニバーシティ
Happy Science University

## ハッピー・サイエンス・ユニバーシティとは

ハッピー・サイエンス・ユニバーシティ（HSU）は、大川隆法総裁が設立された「現代の松下村塾」であり、「日本発の本格私学」です。
建学の精神として「幸福の探究と新文明の創造」を掲げ、
チャレンジ精神にあふれ、新時代を切り拓く人材の輩出を目指します。

## 学部のご案内

### 人間幸福学部

**人間学を学び、新時代を切り拓くリーダーとなる**

### 経営成功学部

**企業や国家の繁栄を実現する、起業家精神あふれる人材となる**

### 未来産業学部

**新文明の源流を創造するチャレンジャーとなる**

**HSU長生キャンパス**
〒299-4325
千葉県長生郡長生村一松丙 4427-1
TEL 0475-32-7770

### 未来創造学部

**時代を変え、未来を創る主役となる**

政治家やジャーナリスト、ライター、俳優・タレントなどのスター、映画監督・脚本家などのクリエーター人材を育てます。4年制と短期特進課程があります。

**・4年制**
1年次は長生キャンパスで授業を行い、2年次以降は東京キャンパスで授業を行います。

**・短期特進課程（2年制）**
1年次・2年次ともに東京キャンパスで授業を行います。

**HSU未来創造・東京キャンパス**
〒136-0076
東京都江東区南砂2-6-5
TEL 03-3699-7707

# 学校法人
# 幸福の科学学園

学校法人 幸福の科学学園は、幸福の科学の教育理念のもとにつくられた教育機関です。人間にとって最も大切な宗教教育の導入を通じて精神性を高めながら、ユートピア建設に貢献する人材輩出を目指しています。

**幸福の科学学園**

**中学校・高等学校（那須本校）**
2010年4月開校・栃木県那須郡（男女共学・全寮制）
TEL **0287-75-7777**
公式サイト **happy-science.ac.jp**

**関西中学校・高等学校（関西校）**
2013年4月開校・滋賀県大津市（男女共学・寮及び通学）
TEL **077-573-7774**
公式サイト **kansai.happy-science.ac.jp**

**仏法真理塾「サクセスNo.1」** TEL **03-5750-0747**（東京本校）
小・中・高校生が、信仰教育を基礎にしながら、「勉強も『心の修行』」と考えて学んでいます。

**不登校児支援スクール「ネバー・マインド」** TEL **03-5750-1741**
心の面からのアプローチを重視して、不登校の子供たちを支援しています。
また、障害児支援の「**ユー・アー・エンゼル!」運動**も行っています。

**エンゼルプランV** TEL **03-5750-0757**
幼少時からの心の教育を大切にして、信仰をベースにした幼児教育を行っています。

**シニア・プラン21** TEL **03-6384-0778**
希望に満ちた生涯現役人生のために、年齢を問わず、多くの方が学んでいます。

NPO 活動支援

いじめから子供を守ろうネットワーク

学校からのいじめ追放を目指し、さまざまな社会提言をしています。また、各地でのシンポジウムや学校への啓発ポスター掲示等に取り組む一般財団法人「いじめから子供を守ろうネットワーク」を支援しています。

公式サイト **mamoro.org**
相談窓口 **TEL.03-5719-2170**
ブログ **blog.mamoro.org**

# 政治

## 幸福実現党

内憂外患《ないゆうがいかん》の国難に立ち向かうべく、2009年5月に幸福実現党を立党しました。創立者である大川隆法党総裁の精神的指導のもと、宗教だけでは解決できない問題に取り組み、幸福を具体化するための力になっています。

幸福実現党 釈量子サイト
**shaku-ryoko.net**

Twitter
**釈量子@shakuryoko**
で検索

党の機関紙
「幸福実現NEWS」

## 幸福実現党　党員募集中

**あなたも幸福を実現する政治に参画しませんか。**

- ○幸福実現党の理念と綱領、政策に賛同する18歳以上の方なら、どなたでも参加いただけます。
- ○党費：正党員（年額5千円［学生 年額2千円］）、特別党員（年額10万円以上）、家族党員（年額2千円）
- ○党員資格は党費を入金された日から1年間です。
- ○正党員、特別党員の皆様には機関紙「幸福実現NEWS（党員版）」が送付されます。

＊申込書は、下記、幸福実現党公式サイトでダウンロードできます。
住所：〒107-0052　東京都港区赤坂2-10-8 6階 幸福実現党本部
TEL **03-6441-0754**　FAX **03-6441-0764**
公式サイト **hr-party.jp**　若者向け政治サイト **truthyouth.jp**

# 幸福の科学出版

出版
メディア
事業

大川隆法総裁の仏法真理の書を中心に、ビジネス、自己啓発、小説など、さまざまなジャンルの書籍・雑誌を出版しています。他にも、映画事業、文学・学術発展のための振興事業、テレビ・ラジオ番組の提供など、幸福の科学文化を広げる事業を行っています。

アー・ユー・ハッピー?
**are-you-happy.com**

ザ・リバティ
**the-liberty.com**

幸福の科学出版
TEL **03-5573-7700**
公式サイト **irhpress.co.jp**

THE FACT

**ザ・ファクト**
マスコミが報道しない
「事実」を世界に伝える
ネット・オピニオン番組

Youtubeにて
随時好評
配信中！

ザ・ファクト　検索

芸能文化
事業

NEW STAR PRODUCTION

## ニュースター・プロダクション

「新時代の"美しさ"」を創造する芸能プロダクションです。2016年3月に映画「天使に"アイム・ファイン"」を、2017年5月には映画「君のまなざし」を公開しています。

公式サイト **newstarpro.co.jp**

ARI Production

## ARI《アリ》 Production《プロダクション》

タレント一人ひとりの個性や魅力を引き出し、「新時代を創造するエンターテインメント」をコンセプトに、世の中に精神的価値のある作品を提供していく芸能プロダクションです。

公式サイト **aripro.co.jp**

# 大川隆法　講演会のご案内

大川隆法総裁の講演会が全国各地で開催されています。

講演のなかでは、毎回、「世界教師」としての立場から、幸福な人生を生きるための心の教えをはじめ、世界各地で起きている宗教対立、紛争、国際政治や経済といった時事問題に対する指針など、日本と世界がさらなる繁栄の未来を実現するための道筋が示されています。

8月2日 東京ドーム「人類の選択」

5月14日 ロームシアター京都
「永遠なるものを求めて」

4月23日 高知県立県民体育館「人生を深く生きる」

11日 大分別府ビーコンプラザ・コンベンションホール
「信じる力」

12月7日 幕張メッセ「愛を広げる力」

※上写真の開催日はすべて2017年

講演会には、どなたでもご参加いただけます。
最新の講演会の開催情報はこちらへ。⟹

大川隆法総裁公式サイト
https://ryuho-okawa.org